管理学学术前沿书系

KEYAN YALIYUAN DUI GAOXIAO JIAOSHI
KEYAN JIXIAO DE YINGXIANG JILI YANJIU

# 科研压力源对高校教师科研绩效的影响机理研究

王仙雅　著

经济日报出版社

**图书在版编目（CIP）数据**

科研压力源对高校教师科研绩效的影响机理研究 / 王仙雅著. -- 北京：经济日报出版社，2017.7

ISBN 978-7-5196-0164-5

Ⅰ. ①科… Ⅱ. ①王… Ⅲ. ①高等学校-科研管理-研究-中国 Ⅳ. ①G644

中国版本图书馆 CIP 数据核字（2017）第 167617 号

**科研压力源对高校教师科研绩效的影响机理研究**

| | |
|---|---|
| 作　者 | 王仙雅 |
| 责任编辑 | 张　莹 |
| 责任校对 | 徐建华 |
| 出版发行 | 经济日报出版社 |
| 地　址 | 北京市西城区白纸坊东街 2 号（邮政编码：100054） |
| 电　话 | 010-63567683（编辑部） |
| | 010-63588446　63567692（发行部） |
| 网　址 | www.edpbook.com.cn |
| E-mail | edpbook@126.com |
| 经　销 | 全国新华书店 |
| 印　刷 | 北京建宏印刷有限公司 |
| 开　本 | 710×1000 mm　1/16 |
| 印　张 | 10.75 |
| 字　数 | 176 千字 |
| 版　次 | 2017 年 8 月第一版 |
| 印　次 | 2017 年 8 月第一次印刷 |
| 书　号 | ISBN 978-7-5196-0164-5 |
| 定　价 | 48.00 元 |

# 前　言

随着我国科技水平的提高和知识经济的发展，高校越来越重视教师的科研绩效，科研成果的丰硕与否已成为高校排名的重要评价指标，决定了高校的整体实力和国际化水平。因此，为督促教师开展科研工作，提高其科研绩效水平，高校制定了一系列科研绩效考核标准，把科研绩效与职务晋升、职称评定和奖金收入直接联系在一起，并提出了严格的岗位聘任制，大大缩短了考核周期，增加了考核任务量，使教师感受到了前所未有的科研压力。

在这种情境下，学者们习惯性认为巨大的科研压力会增加教师的心理负担，影响科研绩效的提高，甚至诱发学术不端行为，因此应采取有效的方式降低科研压力。但是低科研压力能达到提高科研绩效的目的吗？所谓“没有压力就没有动力”。近些年，我国高校科研成果呈现了这样的发展态势：虽然存在大量学术价值不高的论文，学术造假、学术抄袭等现象频频发生，但是与此同时，发表在国际高水平期刊上的论文数量也与日俱增，原创性成果越来越多。这意味着科研压力在一定程度上能激发教师的科研动力，获得丰富的科研成果。由此可见，科研压力对科研绩效究竟起促进还是阻碍作用，并未达成一致性的结论，这可能是因为存在不同类型的科研压力源。

针对这样的现实情境，本书致力于探索科研压力源对高校教师科研绩效的影响机理。首先，运用文献演绎法和扎根理论法构建研究模型，分析科研压力源的构成，并从动机和情绪的视角挖掘其中可能存在的中介变量和调节变量；其次，通过实证研究检验模型，实现定性分析与定量研究的结合，进一步解释研究假设；最终得到能缓解教师科研压力、提高科研绩效的对策建议，力图为高校科研工作健康、和谐、有序发展提供有益指导。

王仙雅

2017 年 5 月

# 目　录

# 第一章　绪　论

## 1.1 研究背景

工作压力被称为“21世纪的流感”，工作压力所产生的不良影响会严重损害员工的身心健康，降低员工的工作绩效[1]。从20世纪开始，西方国家就开始研究工作压力，并且随着社会竞争的日趋激烈，学者们对工作压力的研究热情有增无减。目前，工作压力与工作绩效的关系仍然是学术界与实践界探讨的重要问题。

随着我国科技水平的提高和知识经济的发展，高校越来越重视教师的科研绩效，科研成果的丰硕与否已成为高校排名的重要评价指标，决定着高校的整体实力和国际化水平。为争创世界一流大学，高校不断加大科研考核力度，不但缩短了考核周期，而且还增加了考核任务量，要求教师必须发表一定数量、一定级别的学术论文，承担一定档次的课题研究，并且对未能达到考核要求的教师采取告诫、缓聘、低聘等处理[2, 3]，使教师感受到了前所未有的科研压力。一项来自2007年北京市高校教师职业压力的调查数据显示，在经济、科研、教学等压力中，对副教授和教授而言，科研压力居于首位，对讲师而言，科研压力仅次于经济压力，排在第二位[4]。国内大量研究和现实情况表明，高校教师是需要重点关注的高压力群体。很多学者试图寻找方法改革现阶段的科研考核制度，降低教师的科研压力。但是，低科研压力能达到提高科研绩效的目的吗？所谓“没有压力就没有动力”。由于高校教师这个职业的收入相对稳定，工作时间弹性大，有寒暑假期，容易产生工作安逸感，特别是非985和非211的大学教师，往往科研动力不足，所以低标准的科研考核制度很可能会滋生教师的科研惰性。

综观我国现实情境，在这种高度的科研压力下，有相当一部分教师选择迎难而上，他们主动挖掘研究领域的新问题、钻研新方法、开拓新思路，闲暇之余仍然探讨学术问题，努力提高科研水平，力争写出高水平学术论文。目前，在我国科研压力高度膨胀的情境下，高校的科研成果呈现了这样的发展态势：

发表在国际高水平期刊上的论文数量越来越多，原创性成果与日俱增。这意味着科研压力在一定程度上能激发教师的科研动力，获得丰富的科研成果。然而，科研压力在促进科研成果的同时，也衍生了许多隐患。如：学术造假、学术抄袭等现象频频发生[5]，有些教师倾向申请短平快的小项目，把一篇论文分几部分发表，重科研结果、轻科研过程，出现了大量学术价值不高的论文。并且很多教师产生了不同程度的压力症状[6]，严重影响了教师的身心健康，甚至出现了“过劳死”和英年早逝的现象，如清华大学的焦连伟和高文焕、华东师大的廖平胜等。这表明科研压力不仅引发了一系列学术不端的现象，影响了教师的科研绩效，而且有损教师的身心发展。那么，科研压力对科研绩效究竟起促进还是阻碍作用？学者们并未对这个问题达成一致性结论，这可能是由于对科研压力的认识还不够深刻。

事实上，压力研究的奠基者 Selye，早在 20 世纪中期就提出压力有好坏之分[7]，好压力能带来好结果，坏压力会导致坏结果，所以欲分析压力的影响，需先区分哪种压力是好压力、哪种压力是坏压力。Selye 在这里提到的“压力”，其实是指“压力源”，即压力产生的来源，换言之，压力源是导致个体产生压力的因素。秉承压力源存在好坏之分的思想，Cavanaugh 等人于 2000 年创造性地提出了挑战性与阻碍性压力源的概念[8]，认为挑战性压力源是会导致积极工作结果出现的压力源，而阻碍性压力源会导致消极工作结果的出现。他们的研究成果开辟了压力研究领域的新思路，不仅解释了以往研究中压力与绩效之间关系不一致的现象，而且有助于区分压力源的类型，提升压力管理的有效性和针对性，因而他们的研究成果受到了学者们的广泛认同[9]。然而，目前很少有学者把这一研究成果应用到科研情景中。其实，科研情景中也可能存在不同类型的科研压力源，一些科研压力源属于挑战性，而另一些科研压力源属于阻碍性，那么探讨挑战性和阻碍性科研压力源与科研绩效的关系，验证两种类型的科研压力源是否会对科研绩效产生差异性影响就显得尤为重要。

另外，综观现有文献，挑战—阻碍性压力源与工作绩效之间并不是简单的线性关系，而是存在复杂的中介机制和调节机制[10]。不同教师在面对相同科研压力源所表现出的压力反应和呈现出的科研绩效水平存在严重差异。有些教师会精神紧张、生活压抑，导致身体产生不良反应，工作效率低下，严重影响科研绩效；而有些教师却不容易受到压力的消极影响，反而表现出乐观的态度，产生积极的应对行为，从而取得大量高水平的研究成果。由此可见，科研压力源对科研绩效会产生积极还是消极的影响，还依赖于个体对压力的反应。根据压力交互理论和个体差异理论，个体从受到外部刺激到产生一系列身心及行为反应是一个复杂的过程，其中会受到个体差异变量和环境差异变量的影响。鉴于此，本文将进一步剖析挑战—阻碍性科研压力源作用于科研绩效的内在机理，力图为保障我国高校科研工作健康、有序、和谐发展提供有益指导。

## 1.2 研究目的与意义

### 1.2.1 研究目的

本研究聚焦于中国情境下的高校教师群体，在工作压力与工作绩效关系理论的基础上，通过文献演绎法与扎根理论法构建科研压力源对科研绩效的影响模型，运用实证研究方法进行模型检验，揭示其内在的中介机制和调节机制，希望达到以下目的：

第一，准确构建理论模型。首先，通过文献演绎法探索科研压力源对科研绩效的作用机理，揭示可能存在的中介变量和调节变量，提出基本的研究假设；其次，通过深度访谈收集一手数据，运用扎根理论方法对数据进行理论根植于实践的研究，经由三级编码，提炼主范畴和故事线，与文献演绎法构建的模型进行对比，相互补充，最终建立科研压力源对科研绩效的影响模型。

第二，科学测量研究变量。首先，科学测量高校教师科研压力源。明确科研压力源的结构与内涵，结合我国的科研现状，确定测量高校教师科研压力源的问项，并验证科研压力源的二维结构，透析挑战性与阻碍性科研压力源的内涵。其次，科学测量高校教师的科研绩效。绩效存在两种评价方式：结果导向和行为导向。以发表论文或申请课题的数量和级别作为评价依据的是结果导向的科研绩效评价方法。这种方法虽然得到了广泛应用，但是也存在某些弊端，例如：没有考虑到教师的科研奉献精神、缺乏对教师努力程度的测量等，是重结果轻行为的科研绩效测量方法。因此，本研究致力于设计行为导向的科研绩效评价方法，兼顾科研结果和科研过程。最后，科学测量以高校教师科研工作为研究背景的一系列个体差异变量和环境差异变量。目前，针对自我效能、焦虑情绪、组织氛围等的研究以及常见的量表都是基于西方的文化背景，而这些测量、变量本身具有很强的情景依赖性，西方背景下信效度高的量表不一定适用于我国。因此，开发适合本文研究情境测量量表十分必要。

第三，深度剖析影响机理。一方面探索挑战性与阻碍性科研压力源是否会对科研绩效产生差异性影响，另一方面研究两种类型科研压力源是否会通过中介变量对科研绩效产生影响。同时，以个体差异变量科研自我效能、情绪智力和环境差异变量学术氛围为调节变量，验证其是否在科研压力源与科研绩效的关系中起调节作用。

第四，有效提出培养方案。在上述研究结论的基础上，提出在现实情境下削弱科研压力负向影响，提高高校教师科研绩效的方针策略。指出哪些是需要高校重点关注的、对提高教师科研绩效有利的因素，以及如何培养这些因素，来完善高校的科研管理体系。

### 1.2.2 研究意义

高校教师的科研绩效直接关系到我国科研事业的可持续发展，关系到我国整体的科研水平，在当前严格的科研考核制度下，分析科研压力源对科研绩效的作用机理，有着重要的理论意义和现实意义。

#### 一、理论意义

关于科研压力源与科研绩效的关系，到目前为止尚未形成系统的研究体系。学术界对于如何测量高校教师的科研压力源和科研绩效未达成一致性的结论，并且很少有学者就这一视角展开深入的理论分析与实证检验。本研究综合运用文献演绎法和扎根理论法构建科研压力源对科研绩效的影响模型，运用实证研究法揭示了挑战与阻碍性科研压力源对科研绩效的差异性影响，分析了科研压力源与科研绩效之间关系的权变性，实现了定性分析与定量研究的结合。同时，本研究创造性地把人力资源管理领域的新概念“挑战性与阻碍性压力源”引入科研管理领域，辩证地解释了科研压力源与科研绩效的关系，为科研压力源与科研绩效的研究领域拓展了新的思路，有助于全面正确地认识两者之间的关系，也为高校制定科研考核政策提供了理论支持。这不仅是对科研管理理论的有力补充，还丰富了工作压力理论、工作绩效理论、工作压力与工作绩效的关系理论、动机理论、自我效能理论等在科研管理领域中的应用，完善了整个研究体系。

### 二、现实意义

随着高校之间竞争的日趋激烈，教师的科研绩效在很大程度上决定了高校的发展前景，为督促教师提高科研成果产出量，高校制定了一系列严格的科研考核制度，致使教师的科研压力感空前膨胀。虽然在科研压力下我国科研成果的整体形势明显改善，但是由科研压力导致的问题日益突出，科研绩效并没有如预期般的理想。那么，区分哪些科研压力源对教师科研绩效的提高有促进作用，哪些科研压力源对教师科研绩效的提高有阻碍作用，是高校科研考核体制中亟待解决的问题。同时，了解具有什么特质的教师不容易受科研压力的影响，在高压下还能表现出更好的科研水平，会对高校的教师甄选和人才培养提供有益指导。另外，通过研究高校的科研环境是否会对教师科研压力的缓解和科研绩效的提高产生潜移默化的影响，有利于高校塑造积极的学术氛围，保证高校的可持续发展。

## 1.3 研究框架结构

### 1.3.1 研究方法

本文力求研究方法的科学严谨性，依据定性分析与定量研究相结合的原则，在现实中提出理论问题，在理论体系中解决现实问题，再运用实证研究对理论进行检验。定性分析在于运用文献演绎法与扎根理论构建研究模型；定量分析在于运用实证研究法实现了对变量的测量以及对变量间关系的验证。

#### 一、文献演绎法

目前，学术界对高校教师工作压力源的研究逐渐增多，但涉及科研压力源的研究还非常少，尤其是运用实证研究方法验证科研压力源与科研绩效关系的文献十分匮乏，其作用机理的研究更为少见。鉴于此，本文将压力研究领域的最新成果压力源二维结构模型运用到本研究情境，广泛收集了国内外相关文献，吸收和借鉴相关研究成果，对文献进行了系统而全面地回顾与总结。同时，分别整理了成就动机、科研焦虑、科研自我效能、情绪智力和学术氛围的研究现状，为中介机制和调节机制的研究奠定扎实的理论基础，并在此基础上初步构建研究模型、提出研究假设。

### 二、扎根理论法

扎根理论是客观分析现实情境，利用质性数据构建理论模型的最行之有效的研究方法之一，其结构化的编码步骤和极具逻辑性的编码流程使研究者容易上手，因此近几年得到国内外学者的广泛使用。通过设计访谈提纲对被试进行深度访谈，获取一手质性数据，借助 Nvivo 软件对数据进行开放性编码、主轴性编码和选择性编码，提炼概念、范畴、主范畴以及主范畴之间的关系，形成故事线。与文献演绎法得到的理论模型进行对比，相关补充，最终建立科研压力源对科研绩效的影响模型。

### 三、实证研究法

选用问卷调查法进行研究数据的收集。首先，在明晰各个变量内涵的基础上，从国内外相关文献中选取本研究所需的量表。然后，对量表的问项进行整理和修改，使之符合本文的研究情境，选取一定数量的高校教师作为研究对象进行预调查，检验量表的信度和效度，进一步修订和完善量表。最后，发放正式问卷，进行大样本的调查。使用的统计软件为 SPSS 19 和 AMOS 19。涉及的数据分析方法包括：探索性因子分析、验证性因子分析、结构方程模型分析和阶层多元回归分析。首先运用 SPSS 19 对预调查收集的数据进行信度分析和探索性因子分析，确定量表的最终版本。然后通过结构方程模型分析验证模型的中介机制，通过阶层多元回归分析验证模型的调节机制，揭示科研压力源对科研绩效的作用机理。

## 1.3.2 研究内容

本文在文献演绎与扎根理论的基础上，构建了科研压力源对科研绩效的影响模型，其中涉及中介变量成就动机和科研焦虑，调节变量科研自我效能、情绪智力和学术氛围。通过问卷调查的方式收集数据，运用结构方程模型和阶层多元回归分析对研究模型进行验证，从而揭示科研压力源对高校教师科研绩效的作用机理。本文共包括七章内容，具体的研究内容以及论文框架如下：

第一章为绪论。详细阐述了本文的研究背景、研究目的、研究的理论意义和现实意义，接下来介绍了本文的研究方法、研究内容和技术路线图，最后点明了本文的研究创新点。

第二章为理论基础与文献综述。详细介绍工作压力理论、工作绩效理论和工作压力与工作绩效关系理论，并对高校教师科研压力、科研绩效的研究现状进行综述。

第三章为运用文献演绎法构建研究模型。在文献梳理的基础上，提出了本文的研究模型和研究假设，主要包括：挑战性与阻碍性科研压力源对高校教师科研绩效的直接作用机制；成就动机和科研焦虑对两种类型的科研压力源与科研绩效之间关系的中介机制；科研自我效能、情绪智力和学术氛围对两种类型的科研压力源与科研绩效之间关系的调节机制。

第四章为运用扎根理论构建研究模型。根据扎根理论的数据编码过程，提炼质性数据中的概念、范畴和主范畴，构建理论模型，并进行理论饱和度检验，与文献演绎法构建的模型进行比较，最终确定科研压力源对科研绩效的影响模型，为后续的实证研究做准备。

第五章为实证研究。首先，在以往量表的基础上，结合本文的研究情景，设计研究模型中涉及变量的测量题目，通过预调查对初始问卷进行信效度检验，删除信度水平不高的测量题目，重新修订问卷，以得到信效度较高的最终问卷。发放正式问卷，进行大样本调查，并对收集到的数据进行结构效度检验。应用结构方程模型对挑战性与阻碍性科研压力源对高校教师科研绩效的中介机制模型进行验证。运用阶层多元回归分析对科研自我效能、情绪智力和学术氛围的调节效应进行检验。最后总结本文所提出的所有研究假设的验证结果，指出被支持的假设和不被支持的假设。

第六章为结果讨论与启示。对研究结果进行系统的、深刻的讨论，提出在巨大科研压力下保证高校教师科研绩效可持续发展的对策，主要从科研考核体制的完善，成就动机、情绪智力、科研自我效能的培养、科研焦虑情绪的控制和积极学术氛围的营造几个方面进行阐述。

第七章为结论与展望。从整体上归纳本文的研究结论，介绍研究的局限性与不足，并对今后关于高校教师科研压力与科研绩效关系的研究进行展望。

### 1.3.3 技术路线

本研究遵循“现象剖析—模型构建—实证研究—对策建议”的研究思路，在文献梳理与深度调研的基础上，结合中国高校的现实情境，明确了研究问题，即科研压力源对高校教师科研绩效的影响机理。综合运用文献演绎法与扎根理论法构建研究模型，借鉴以往相关量表设计调查问卷，对问卷调查数据进行实证研究，通过多种数据分析方法对研究假设进行验证，得到研究结果，并对结果进行系统的分析，提出保证高校科研工作有序发展的研究启示。最后指出本文的研究结论和未来展望。本文的研究路线如图 1–1 所示。

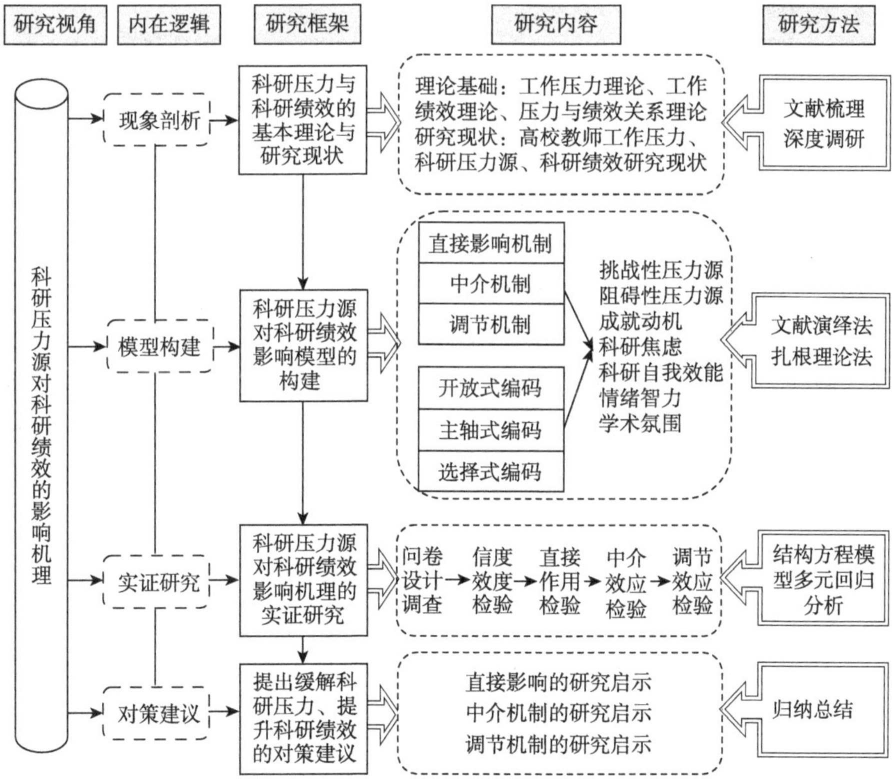


**图 1–1 本文的研究路线图**

## 1.4 创新点

本文运用科学的研究方法构建了科研压力源对高校教师科研绩效的影响模型，透析了不同特征的教师在科研压力源与科研绩效的关系上所表现出的差异性，为教师的培养和高校学术环境的塑造提供了一些建设性的意见。本文的创新之处主要表现在以下五点：

第一，研究视角的选取具有独特性。虽然就高校教师这一群体而言，关于工作压力与工作绩效关系的研究屡见不鲜，但这些研究过于概括和松散，没有突出教师的科研工作。在当前严格的科研考核制度下，教师的晋升、职称评定和薪酬高低都与科研绩效密不可分。然而，学者们对科研压力源的探索尚处于起步阶段，更少见科研压力源对科研绩效影响的相关研究，因此十分有必要探索科研压力源与科研绩效的关系。

第二，研究方法的综合运用具有创新性。以往研究习惯采用“文献演绎+实证研究”的模式，本研究在此基础上加入了扎根理论质性研究法，遵循理论根植于实践，从经验中归纳理论的指导思想，与文献演绎法结合，共同构建理论模型，使理论模型更加完善。再运用结构方程模型和多元回归分析验证模型假设，定性与定量相结合，相得益彰。

第三，压力源二维结构理论的应用具有新颖性。本研究所探讨的科研压力不是一种单纯的感觉，而是偏重科研压力的来源，秉承压力管理理论中关于工作压力源与工作绩效的最新研究成果压力源二维结构模型，把科研压力源划分为挑战性科研压力源和阻碍性科研压力源，区分了两种类型压力源在概念上和结构上的差异性，分析了它们对科研绩效产生的不同影响。同时，验证了科研绩效考核的“双刃剑”性质，提出了完善高校科研绩效考核体系的建议。

第四，创造性的提出挑战性与阻碍性科研压力源对科研绩效中介机制。两种类型的科研压力源是否会对科研绩效产生差异性影响，以及各自的影响机制如何一直是悬而未决的问题。本文从动机和情绪的视角引入成就动机和科研焦虑两个中介变量，揭示了挑战性科研压力源与阻碍性科研压力源对科研绩效的影响路径，再次验证了两种类型科研压力源的差异性。

第五，创造性的提出挑战性与阻碍性科研压力源对科研绩效调节机制。

现实中存在这样一种现象：不同教师在面对相同科研考核所表现出的压力反应和呈现出的科研绩效水平存在严重差异。有些教师在高压面前能表现出平和的心态，更能勇敢的面对问题；而有些教师则会过度紧张，生活压抑，影响自身科研水平的发挥和提高。那么，一定存在某些个体差异变量和环境差异变量在影响着两者之间的关系。本文在文献演绎和扎根理论的基础上，提出了以科研自我效能、情绪智力和学术氛围为调节变量的科研压力源对科研绩效的权变模型，并通过阶层多元回归分析对模型进行验证，得到各个调节变量的调节效果图。

# 第二章　理论基础与研究现状

## 2.1 理论基础

### 2.1.1 工作压力理论

#### 一、工作压力的定义

基于不同的研究视角，学者们对工作压力（Job/Occupational Stress）的界定存在很大差异。有些学者在定义工作压力时看重压力的来源，如Lazarus和Launier（1978）[11]把工作压力定义为“压力是超出正常适应反应的任何状况”。有些学者则关注工作压力产生的感觉和后果，如Quick（1984）[12]认为“工作压力是个体在面对压力源时对机体自然能力资源的普遍的、有规律的、无意识的调动”；Summers，DeCotiis和DeNisi（1995）[13]强调“工作压力是由于个体惯有的生活方式被改变而引起的感觉”。

在回顾工作压力的定义中不难发现，不同的研究视角所给出的定义有所差异，但是，所有的定义只是细节上不同，其总体的方向是一致的[14]。即工作压力源于工作环境的改变和员工自身的适应状况，压力能影响员工正常的生理和心理活动，以及在工作中的表现。

工作压力是一个融合了管理学、组织行为学、心理学和社会学的概念。在管理学和组织行为学领域，学者们侧重研究工作压力的来源、形成机制和工作压力引发的结果，如离职倾向、反生产行为、工作效率低下等。在心理学和社会学领域，学者们侧重研究员工在工作压力下产生的生理或心理上的反应，以及压力应对方式和压力缓解的探讨。

#### 二、工作压力的相关理论

从20世纪60年代开始，先后出现了工作要求—工作控制压力理论、人体—环境匹配工作压力理论、付出—回馈失衡工作压力理论和压力交互作用理论等[15]，这些理论从不同的视角揭示了工作压力的形成机理。Curbow等

（2000）对目前主流的工作压力理论进行了分类，把以工作要求—工作控制理论为代表的，强调工作特征的工作压力理论归为一类，把强调员工个体特征的工作压力理论归为另一类，如上述的另三种理论。下面将重点介绍这四种常见的工作压力理论[16]。

1. 工作要求—工作控制理论

工作要求—工作控制理论（Job Demand-Control Model）由 Karasek 于 1979 年提出，他从工作特征出发，提炼出工作要求和工作控制两个维度，进而解释和预测工作压力的形成[17]。工作要求是指工作环境中反映个体所从事工作任务的数量和困难程度的因素，即工作压力源，例如工作负荷、工作不安全、任务复杂性、角色模糊和角色冲突等。工作控制描绘了个体对工作行为控制的程度，换言之，个体有多大能力控制自己的行为以胜任工作要求，包括个体技能和决策权力两部分。Karasek 认为，工作压力既不单取决于工作要求，也不单取决于工作控制，而是受工作要求与工作控制的共同影响[18]。工作要求—工作控制理论提出了两个基本假设：一是高工作要求、低工作控制导致高工作压力；二是当工作要求和工作控制均高时，工作动机会明显增加，有利于工作绩效和工作满意度的提高。在第二种情况下，高工作要求不仅不是工作压力的来源，反而成了激励员工不断努力的源泉，同时高工作控制可以有效缓解工作要求带来的负面影响，起到缓冲和保护作用。

工作要求—工作控制模型从工作本身的特征出发寻找工作压力的来源，是工作压力理论的主流模型之一，学者们对该模型做了广泛的验证。Landsbergis（1988）[19]、Fletcher 和 Jones（1993）[20] 的研究表明，员工感知的工作压力水平与工作要求的强度显著正相关，与工作控制的程度显著负相关。举一个简单的例子，假如员工正在执行一项复杂的工作任务，他面临的工作压力很大，但是，如果上级能及时的增派人手，提供更多可支配的资源，会明显降低他的工作压力感。另外，还有多项研究表明较高的工作控制水平能显著正向影响工作绩效和工作满意度[21, 22]，以及员工的身心健康[23]，也就是控制水平高的工作能带来较高的工作绩效和工作满意度，并有益于身心健康。

Van Der Doef 和 Maes（1999）[24] 在对该理论进行深入研究的基础上，引入了一个新的维度“社会支持”，提出了工作要求—工作控制—社会支持理论，不仅丰富了原有的理论，而且使理论更具有实践指导意义。新理论认为：高工作要求—低工作控制—低社会支持的工作会导致高水平的工作压力，易使个体产生生理或心理上的问题；然而，高工作要求—高工作控制—高社会支持的工作能增加个体努力完成工作任务的欲望，降低工作压力对身心的不良影响。也就是说，高工作控制和高社会支持可以在一定程度上抵抗高工作需求的危害。

2. 个体—环境匹配理论

个体—环境匹配理论（Person-Environment Fit Theory）由 French，Caplan 和 Van Harrison 于 1982 年提出[25]，该理论认为：引起压力的因素不是单独的环境因素或个体因素，而是环境因素和个体因素相互作用的结果，工作压力是由环境因素（工作需求）和个体因素（工作能力）不匹配所导致的。只有当工作需求和工作能力相匹配时，才能达到良好的工作状态。

在该理论的指导下，很多学者对工作压力展开了深入的研究。Spector（1987）[26]的研究表明，超过员工负荷的繁重工作量和员工之间的人际冲突与工作中的焦虑情绪、挫折感、身体健康状况和工作满意度显著正相关。另外，Sauter 和 Hurrell（1989）[27]指出，员工的自主性和控制能力在工作中扮演着重要的角色，缺乏自主性和控制力的员工在工作中会表现出较差的学习能力、工作动机不足，因此无法应对工作需求，容易引起工作压力。

3. 付出—回馈失衡理论

德国生理医学家 Siegrist 以社会交换理论为基点，于 1996 年提出了付出—回馈失衡理论（Effort-Reward Imbalance）[28]，从付出和回馈两个方面解释了工作压力的形成机理。该理论认为，员工在工作中付出的辛苦、时间和精力需要从尊重、薪酬、奖励、发展前景等方面获得回报。如果员工的努力没有获得相应的补偿，他们将会出现迟到、早退、旷工等反生产行为，引发工作效率低下和工作满意度下降的现象。高付出和低回馈的组合形式，会使员工产生不平衡，尤其是对工作过度投入的人，会导致一系列身心疾病，如焦虑、高血压、心脑血管疾病等。付出—回馈失衡理论起初只包含两个维度：付出和奖励。付出又分为“外部付出”和“内部付出”。外部付出是指员工在工作时间、工作量上的付出；内部付出是指员工工作感情的投入，如发自内心的对职业的热爱。后来，Siegrist 又给该理论增加了一个新的概念“过度投入”[29]，使原有理论的付出等同于外部付出，内部付出等同于过度投入，回馈的含义保持不变，仍表示付出后的回报。

该理论提出了三大假设观点，即外部假设、内部假设和交互假设，见图 2-1。

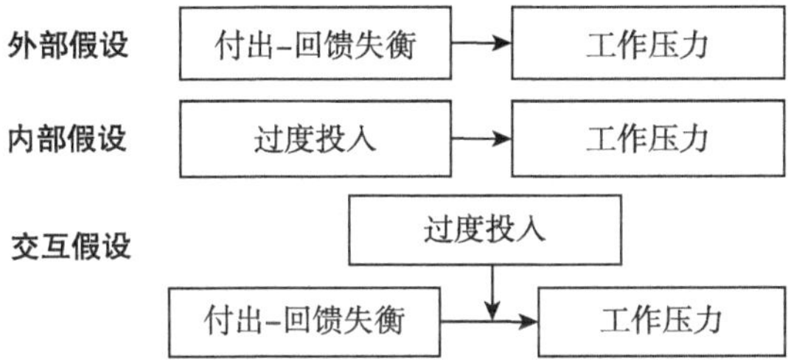


**图 2-1 付出—回馈工作压力理论的基本假设**

外部假设和内部假设强调付出—回馈失衡和过度投入对工作压力有直接的影响，即若员工感知自己的付出与得到的回报之间严重不平衡，或员工对工作有过度的情感投入，往往会造成员工工作压力感的产生。而交互假设不是从直接影响的角度讲的，此假设认为付出—回馈失衡和过度投入之间存在交互作用，随着过度投入强度的加大，付出—回馈失衡对工作压力的作用会加强。

付出—回馈失衡理论已被应用于不同的国家，并得到了广泛的验证和支持。Vegchel 等（2002）[30] 分别验证了高付出低薪酬、高付出低尊重与高付出低社会地位对荷兰护理人员的身心健康和精力耗竭的影响，结果表明，高付出低尊重和高付出低社会地位对身心健康不利，并与精力耗竭显著正相关，而高付出低薪酬只与精力耗竭显著正相关。Preckel 等（2007）[31] 以德国制造厂的员工为样本，验证了付出—回馈失衡会导致员工情绪耗竭这一假设。我国学者也从不同程度上对该理论进行了验证，楚艳民等（2008）[32] 探索了付出—回馈失衡和过度投入对工作倦怠的影响，结果表明两者会直接影响情绪衰竭和去个性化，但是两者的交互作用不明显。

付出—回馈失衡理论从社会交换理论出发解释了工作压力的形成机制，为压力管理领域的研究提供了新的视角。当给员工分配了过多的工作量，又限制了较短的工作时间时，可以通过提高员工的薪酬水平、给予员工更多的晋升机会来消除工作负荷带来的影响，以平衡付出与回馈之间的关系，使员工劳有所得[33]。

4. Lazarus 的交互理论

美国心理学家 Lazarus 早在 1966 年就提出了交互理论（Transaction Theory），虽然该理论并不是针对工作压力提出的，但是却能很好地分析工作压力的形成，因此受到工作压力研究领域学者的青睐。交互理论有两个主要的原则：原则一是在任何一种情景下，环境与个体都是相互作用、相互影响的；原则二是环境与个体的关系并非两者的简单结合，而是在交互的过程中不断变化的。Lazarus 认为，传统的把环境因素和个体因素区分对待的工作压力理论不能正确描述工作压力的形成，工作压力既不是环境因素的产物，也不是个体因素的产物[34]。工作压力是一个过程，随着时空的变化而变化。

根据交互理论，工作压力的产生取决于两次评价。第一次评价是指个体处于一种情景时，会首先评价情景对自己的重要程度，如衡量完成一项工作对自己是否重要。第二次评价是指个体考察自身具备的资源是否足以应对内外部的工作需求。如果个体认为工作任务很重要、必须完成，但是不具备足够的资源来完成任务时，工作压力才会产生。学者们基于交互理论做了大量的研究，Lazarus 随后又致力于压力应对方式的研究，把压力应对分为解决型应对、情绪型应对和回避型应对，具有不同应对方式的个体所产生的压力结果存在很大的差异性[35]。Bhagat 等（1995）[36]的研究表明，如果一个人总是采用情绪型的压力应对方式，虽然短期内可以达到减轻压力的效果，但是长远看来，会导致个性改变，易引发无助感和焦虑感，以至于越来越不能有效的缓解压力。

## 三、罗宾斯的工作压力模型

罗宾斯在工作压力理论的基础上，提出了囊括压力来源、个体差异变量和压力结果的具有实践指导意义的工作压力模型[37]，如图 2–2 所示。

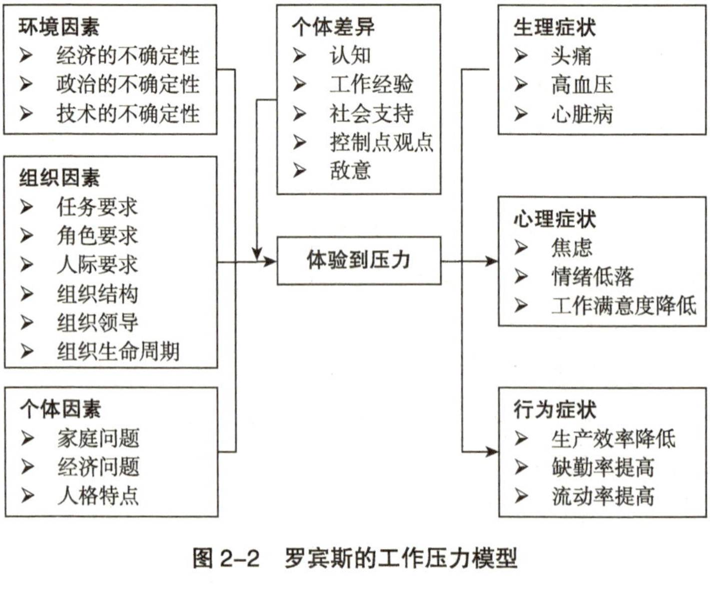


**图 2–2　罗宾斯的工作压力模型**

罗宾斯工作压力模型中左边的一列表示工作压力的来源，包括环境因素、组织因素和个体因素，中间列表示个体差异变量，右端的一列表示压力所导致的在生理、心理、行为方面的结果。该模型最核心的观点是：压力的来源能否转化为现实的压力体验，不仅取决于工作环境，还取决于个体差异。也就是说，面临同样的工作困难，不同的人所感知的压力程度不尽相同。举一个简单的例子：当员工被要求在较短的时间内完成一项艰巨的任务时，有的员工会把它看做一种挑战，欣然接受，满怀信心地去面对，而有的员工会把它看做一种负担，产生畏难情绪，宁愿选择逃避或接受惩罚也不愿意努力尝试。这个例子足以说明个体差异变量在压力的来源与压力的后果之间起着重要的调节作用。

罗宾斯的工作压力模型充分展示了工作压力的形成机理，阐明了工作压力形成过程的复杂性，同时，点明了个体差异变量的调节作用，凸显了个体差异变量的重要作用。

## 四、工作压力源

工作压力源（Job/Occupational Stressor）是工作压力研究领域最核心的内容，指任何会使个体产生工作压力感的内外环境刺激。对工作压力源的探索一直是国内外学者研究的主要方向，下面介绍几种有代表性的研究成果。见表 2–1。

**表 2–1 工作压力源的相关研究成果**

| 学者 | 工作压力源分类 |
|---|---|
| Weiss（1976）[38] | 工作本身因素：工作太多或太少、工作复杂、时间紧迫、工作变化多、工作失误的后果严重<br>组织中的角色：角色模糊、角色冲突<br>职业发展：晋升太快或太慢、社会地位低下、缺乏职业保证<br>组织结构与组织风格：决策参与程度低、工作限制多<br>组织中的人际关系：与同事相处不融洽、工作支持度低 |
| Cooper&Marshall（1978）[39] | 工作本身：工作负荷、时间压力、缺少自由<br>组织角色：人际冲突、角色冲突、任务冲突<br>工作关系：与上级关系、与同级关系、与组织和社会的关系<br>职业发展：工作安全、辞职与升迁、自我实现<br>组织结构和组织倾向：组织价值观、领导风格、决策方式、冲突解决方法 |
| Ivancevich&Matteson（1984）[40] | 把工作压力源分为组织内部和组织外部两部分 |
| Quick（1984） | 角色特征、任务特征、领导特征、组织结构特征、人际关系条件和个人生理条件 |

续表

| 学者 | 工作压力源分类 |
|---|---|
| Whettent&Cameron（1991）[41] | 时间压力、互动压力、情境压力和期望压力 |
| Hendrix（1995）[42] | 角色冲突、角色负荷、角色模糊、时间压力、低工作自主性、能力发挥受阻、低参与和控制、组织矛盾 |
| Long（1995）[43] | 角色特征是最重要的压力源，其次是工作本身的特征，如任务量大、工作时间长和工作危险性高 |
| 陈志霞，廖建桥（2005）[44] | 工作任务：工作任务的数量、难度和风险性<br>职业生涯发展：员工个人的职业发展和培训<br>组织管理：组织和领导的管理能力<br>关系和能力：同事间关系、自身能力<br>工作时间：工作时间的紧迫性<br>工作环境：工作的物理环境和人文环境 |
| 舒晓兵（2005）[45] | 组织的结构与倾向、工作条件与要求、工作中的人际关系、职业发展、组织中的角色、工作中的社会支持、管理事务 |
| 许小东（2007）[46] | 内源压力：源于工作本身，由工作内容、工作标准等因素构成<br>外源压力：源于工作以外，由工作环境、人际关系等因素构成 |

通过对国内外工作压力源的文献梳理发现，不同情景下的工作压力源的分类虽然存在差异性，但是大体上基本相同，只是根据不同的文化背景增加或削减了少许类别，主要的工作压力源包括工作本身的因素、工作中的人际关系、职业发展和组织结构等方面。

从 21 世纪起，我国学者开始根据不同的工作性质研究工作压力源，如陈志霞和廖建桥（2005）的研究对象为知识型员工，舒晓兵（2005）的研究对象是国有企业和私营企业的管理人员，许小东（2007）的研究对象是企事业单位的中高层管理者。到目前为止，无论国外学者还是国内学者，在探讨工作压力源时，主要涉及六大类研究群体：管理者、教师、护士、公务员、服务业员工和一般企事业单位员工。

### 2.1.2 工作绩效理论

#### 一、工作绩效的定义

对于工作绩效的定义，学术界存在两种观点，观点的主要分歧在于把绩效看做结果还是行为。结果导向观的学者把工作绩效等同于任务的完成情况，用数量和质量来衡量。如 Bernardin 和 Beatty（1984）[47] 把工作绩效定义为在特定的时间内，从事特定的工作所完成的产出记录。这种工作绩效的评价方法存在一些弊端：首先，过分强调工作结果，忽略了员工为完成工作付出的努力，评价过于绝对；其次，将大部分注意力放在工作结果上，会对员工产生误导，容易忽视团队合作；最后，结果的产生受很多因素的影响，可能并非员工的行为所致。

随着对企业文化和组织氛围认识的加深，管理者越发重视员工的行为，越来越多的学者倾向于工作绩效的行为导向观。Campbell（1990）[48] 将工作绩效定义为员工所做的、同组织目标紧密相关的、可测量的行为。Motowidlo 等人（1997）[49] 区分了工作行为、工作绩效和工作结果的定义。工作行为是指员工在工作过程中的所作所为；工作绩效是指对个人或组织效率具有积极或消极作用的可测量的行为；工作结果是指由于绩效的发生导致的人和事物状态的改变情况。我国学者孙健敏和焦长泉（2002）[50] 在 Campbell 和 Motowidlo 定义的基础上，界定了工作绩效的概念，即工作绩效是人们所做的与组织目标相关的、可观测的、具有可评价要素的行为，这些行为对个体或组织效率具有积极或消极的作用。换句话讲，行为导向观的工作绩效是指个体为实现组织目标而发生的一系列可评价的行为。

## 二、工作绩效的结构

组织结构和任务特征的多样化共同决定了工作绩效是一个多维的概念。Borman 和 Motowidlo（1993）[51] 通过对组织公民行为和亲社会行为的研究，提出了工作绩效的二维模型，即任务绩效（Task Performance）和情境绩效（Contextual Performance）。任务绩效也称角色内绩效，专指个体完成工作任务的行为；情境绩效又称角色外绩效，与工作任务不直接相关（如热心帮助同事、主动承担困难等），但是对任务的完成和组织的发展至关重要，是个体营造良好工作氛围、促进人际关系的行为。自该模型提出之后，情境绩效备受管理学家的关注，Van Scotter 和 Motowidlo（1996）[52] 进一步将情境绩效分为工作奉献（Job Dedication）和人际促进（Interpersonal Facilitation）。工作奉献集中表现在自律行为上，如主动解决工作中的问题、花费业余时间工作、时刻不忘工作任务等；人际促进是指对实现组织目标有利的人际行为，如鼓舞他人工作士气、主动帮助他人、为他人营造良好的工作环境等。

中国自古以来提倡“德、智、体、美、劳”全面发展，“德”被放在首位，可见我国十分重视对“德”的培养。况且，中国的文化强调以人为本和人际和谐，这种考虑情境绩效的工作绩效评估重视员工对组织核心价值塑造的贡献，与国情相符。王辉等（2003）[53]用实证研究的方法验证了任务绩效和情境绩效的区分对我国的文化背景同样适用，对 Borman 和 Motowidlo 的工作绩效二维模型给予了很大的肯定。当然，我国也有学者针对我国的现实情境研究工作绩效的结构，温志毅（2005）[54]以企业中层管理者为研究对象，开发了工作绩效的测量量表，经探索性因子分析得到工作绩效的四维结构，即任务绩效、人际绩效、适应绩效和努力绩效。其中，任务绩效与传统意义上的任务绩效含义相同；人际绩效与情境绩效中的人际促进维度具有相似的内涵，代表人际协作和团队精神；适应绩效是指对工作的适应性、自主学习和创新能力等；努力绩效与情境绩效中工作奉献维度的含义一致，指努力应对工作困难、对工作情感上的承诺。由此可见，中西方对于工作绩效结构的研究结果差异性不大，情境绩效具有普适性，任务绩效可能会根据工作性质和环境的不同有所差别。

### 2.1.3 工作压力与工作绩效关系理论

对于与工作压力相关的结果变量的探讨，心理学家和社会学家多从员工身心健康方面着手，而管理学家和行为学家更关注工作压力对工作绩效的影响。目前，形成了五种工作压力与工作绩效的关系理论，分别是抑制理论、无关理论、激励理论、倒 U 型理论和压力源二维结构理论。以下将具体介绍这五种理论及其研究成果。

#### 一、抑制理论

抑制理论认为工作压力与工作绩效是相互对立的，两者呈负相关关系。Miller（1960）[55]认为员工在压力下工作容易头脑混乱、考虑问题不周全，增加出错的概率。压力的出现会打扰人脑正常的思维模式，加重心理负担，引起工作焦虑，进而干扰工作任务的完成质量。Cohen（1980）[56]指出，如果一个人处在过高的工作压力下，往往导致注意力分散，影响判断力，难以提高工作效率。Janis 和 Mann（1981）[57]的研究表明，员工在面对以往从未接触过的新工作时容易产生压力，导致精神紧张，工作绩效低下。还有学者为了检验工作压力与工作绩效的关系，从压力源的视角进行检验，结果表明每一种压力源对工作绩效的影响都是消极的。

抑制理论的观点主要立足于压力的负面影响。其实，压力的影响是否一定是消极的、有破坏性的，还不能笼统的得出确切的结论，要具体问题具体分析。对于工业产业和知识经济比较发达的国家而言，人们的生活节奏快，长期处于一种较高的工作压力下，那么工作压力对工作和生活的负面影响会大一些；而对于工业化程度偏低或处于计划经济体制下的国家而言，工作压力更可能成为工作的动力。

在我国，很多行业都处于完全竞争的经济背景下，企业之间的激励竞争、人员的就业困难和各种严酷的考核制度使工作压力空前高涨。在这种大环境下，工作压力与工作绩效的抑制理论有一定的实践指导意义，通过这种抑制关系的发现，可以使管理者惊醒，采取必要的措施来缓解压力，以削减压力对绩效的影响，避免反生产行为和职业倦怠的出现。

### 二、无关理论

无关理论认为工作压力与工作绩效之间不存在相关关系。该理论是建立在心理契约基础上的，假设的前提条件是员工是理性的。员工只关心他们的薪酬水平、职位晋升和职业发展，而与这些紧密相关的是工作绩效，因此他们会努力提高工作绩效。在压力小时，他们为了追逐利益会努力工作；在压力大时，他们同样为了追逐利益会忽视压力的存在，不让压力成为阻力、妨碍工作能力的发挥。

然而，这种理性人假设在现实生活中往往是不存在的。每个正常的人都不能脱离群体，需要在自己所属的组织里生存和发展，有情感的需要、有安全感的需要、有归属感的需要等，这就决定了个体不是孤立存在的，会受到周围环境的影响，工作压力势必会影响员工的工作和生活。所以，到目前为止，关于无关理论的研究很少见，虽然也有实证结果表明压力与绩效的关系不显著，但是多为样本选取不合理所致，很少有学者进行更深入的研究。

### 三、激励理论

激励理论的观点是工作压力能正向影响工作绩效。这一理论的代表人物是Scott，Scott（1966）认为工作压力能唤醒个体的工作动机，激发出更高的工作积极性和工作热情，对工作绩效的提高有良好的推动作用，而且有学者验证了工作压力对工作绩效的积极作用要大于消极作用，使其整体上呈现出一种正相关关系[58]。所谓没有压力就没有动力，压力对个人的成长和工作表现有极其重要的作用，它通过增加个体对工作的重视程度来提高他们的行为表现。高工作绩效的产生是需要有压力的，压力管理的最终目的并不是要消除压力，而是怎么能找到一个合理的区间，把压力控制在适当的水平，以激发出最大的绩效。

激励理论与抑制理论截然相反，从某种程度上说该理论开阔了学者们的研究视野，指出了工作压力的积极作用，否定了压力一定是有害的观点，有一定的说服力和可信度。

### 四、倒 U 型理论

Yerkes 和 Dodson（1908）[59]是最早研究工作压力与工作绩效关系的两位学者，在早期的研究中，他们把老鼠作为研究对象，通过对老鼠施加刺激，来观察刺激的程度与老鼠逃避速度的关系，结果表明刺激与速度呈现倒 U 型的关系。即当刺激过小和刺激过大时，老鼠的速度都不快，只有当刺激适中时，才能达到最快的速度。他们把老鼠的这一行为推广到人的身上，把刺激看做压力，把逃避的速度看做绩效，从而得出了著名的工作压力与工作绩效的倒 U 型关系理论。该理论认为：当工作压力较小时，员工会由于工作要求低而觉得缺乏挑战性，不需要付出多少努力就能完成任务，因而产生懈怠的情绪，工作效率自然不高；当压力逐渐增大时，工作也越来越富有挑战性，需要员工付出一定的努力才能完成任务，工作不再是一件轻松的事，因此压力就会转变为动力，成为激发员工努力工作的动机，使工作效率逐步提高；而当压力增大到员工无法承受的程度时，无论付出怎样的努力和艰辛都难以达到要求，这就会使员工产生很大的心理负担，把压力看做通向成功的阻力，导致工作倦怠，工作效率也随之降低。也就是说，当压力过大或过小时，都不能带来较高的工作业绩，而只有工作压力在一个适度的水平才能激发员工最大的潜能，达到工作绩效的最高水平。图 2-3 描绘出了工作压力与工作绩效的倒 U 型关系图。

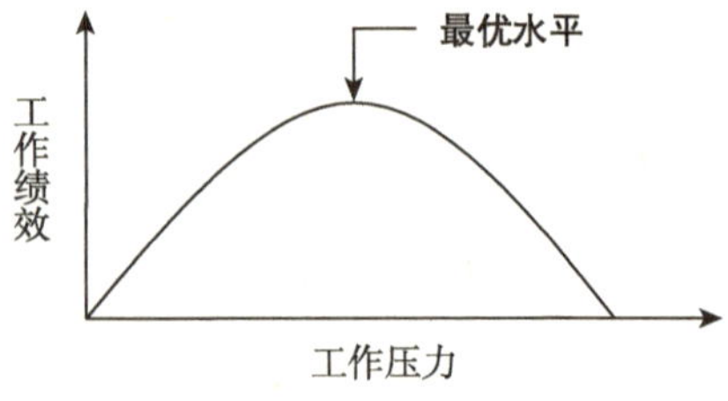


**图 2-3　工作压力与工作绩效的倒 U 型关系图**

工作压力与工作绩效的倒U型关系理论对实践的指导意义是：在工作环境中，管理者应找到一种适度的工作压力状态，当员工承受的压力过小时适当地增大压力，当员工承受的压力过大时适当地减少压力。

后来，Yerkes和Dodson对这一理论做了进一步的研究，根据工作任务的难易把工作分为两种类型：简单工作和复杂工作。在简单工作的情境下，工作压力与工作绩效正相关，即随着心理压力的增大，员工的业绩水平会增加。而在复杂工作的情境下，工作压力和工作绩效仍是倒U型关系，见图2–4。

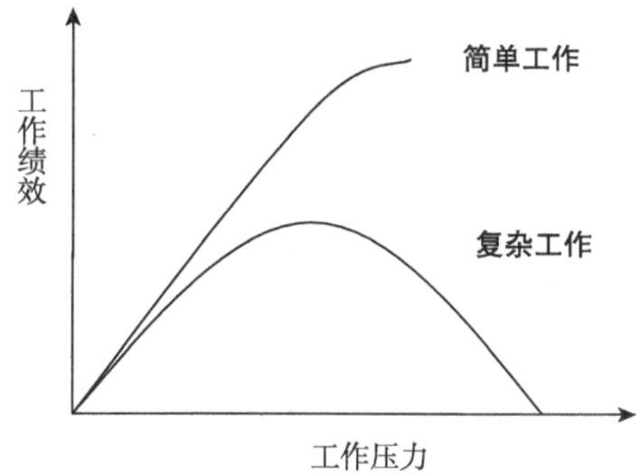


**图2–4　简单工作与复杂工作下的工作压力与工作绩效关系图**

尽管来自实验方面的证据显示了工作压力与工作绩效的倒U型关系，但是在现实的工作情境下，这种关系很少得到数据的支持。Nataanen（1973）认为此理论混淆了压力与激励的概念，King（1987）在Nataanen的基础上展开深入研究，认为压力和激励这两种不同的情绪感知对工作绩效的影响存在明显的区别，压力会破坏绩效，而激励则会强化绩效[60]。虽然倒U型关系理论缺乏实证研究结果的支持，但是该理论从提出到现在100多年的时间里，得到了广泛的传播和称赞，成为最具影响力的工作压力与工作绩效关系的理论之一。

## 五、压力源二维结构理论

### 1. 压力源二维结构理论出现的背景

通过对上述四种理论的回顾可以发现，每种理论都基于不同的研究视角，关于工作压力与工作绩效的关系至今没有得到一致性的结论。抑制理论认为压力是劣性的；无关理论认为压力毫不重要；激励理论认为压力是良性的；倒U型理论认为压力有好坏之分，在适当的水平是好压力，过小或过大的压力都是坏压力。随着学者们对工作压力与工作绩效关系研究的不断深入，Selye 在 20 世纪中期提出压力确实有好坏之分，但是压力的好坏不应按强度区分，而是要按压力的类型区分，与高绩效相关的称为“好压力”，而与低绩效相关的称为“坏压力”。McCauley 等人（1994）[61] 得出结论：虽然工作要求会带来工作压力，但是某些与个体成长相关的工作要求，如工作负荷、工作责任和时间压力，与工作绩效正相关，而组织制度不合理、角色模糊与工作绩效负相关。这一研究结果表明有些压力源能表现出良性压力的特征，而有些压力源能表现出劣性压力的特征，十分有必要就不同类别的压力源分开探讨其与工作绩效的关系。

2. 挑战性与阻碍性压力源的概念

Cavanaugh 等人在以往研究的基础上，于 2000 年创造性地提出了压力源二维结构理论，界定了挑战性和阻碍性压力源的概念。挑战性压力源（Challenge Stressor）是指对工作任务的完成和个人的发展有积极作用的压力源，如高工作责任、时间紧迫性和工作负荷，这类压力源一旦克服会带来较高的成就感，并且能促进个体的成长。如高工作责任能锻炼个体的责任心，时间紧迫性能提高个体的工作效率，工作负荷能提升个体的工作能力。而阻碍性压力源（Hindrance Stressor）是指对工作任务的完成和个人的发展有消极作用的压力源，如官僚程序、角色冲突、角色模糊等，这类压力源难以克服，多数不是通过自己的努力就能解决的，如官僚程序和角色冲突，均是由组织结构和组织秩序决定的。另外，即使某些阻碍性压力源被克服了，也不会给个体带来成就感。总的来讲，这类压力源的存在不仅不会使个体产生工作动力，相反会削弱工作动力，不利于工作绩效的提高。

3. 挑战性与阻碍性压力源与工作绩效的关系

LePine 等（2005）在期望理论和认知交互理论的基础上构建了挑战—阻碍性压力源与工作绩效的关系模型，揭示了两种不同类型压力源对工作绩效的影响机理，见图 2–5。

由图 2–5 可知，挑战性压力源对工作绩效的影响路径有三条。第一条是直接的正向影响；第二条是通过动机产生的间接正向影响；第三条是通过应激产生的间接的负向影响。这说明了挑战性压力源的双面性，既可以通过提高动机积极的影响工作绩效，也可以通过增加应激反应而消极的影响工作绩效。阻碍性压力源对工作绩效的影响路径也有三条。第一条是直接的负向影响；第二条是通过动机产生的间接负向影响；第三条是通过应激产生的间接负向影响。这充分表明了阻碍性压力源是完全的劣性压力源，无论是直接路径还是间接路径都对工作绩效起消极作用。

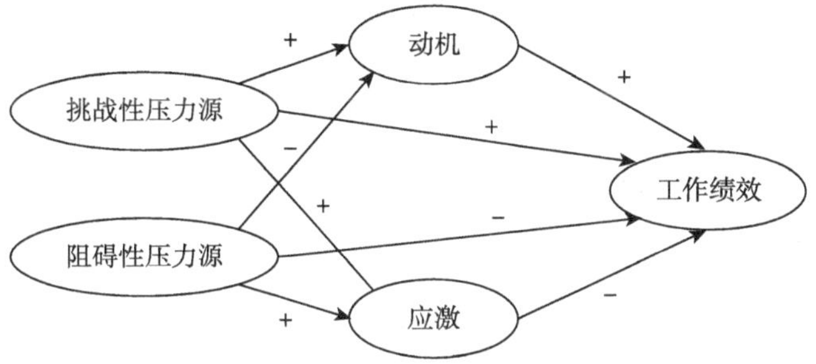


**图 2-5 挑战性与阻碍性工作压力源与工作绩效的关系**

另外，Boswell等（2004）[62]、Podsakoff等（2007）[63]、Rodell和Judge(2009)[64]、Webster 等（2010）[65]的研究结果表明：挑战性压力源虽然会带来工作压力感，但是一旦克服了，就能获得极大的回报，与积极的工作行为、工作绩效、工作满意度和组织忠诚等正相关，与离职倾向、反生产行为和退缩行为等负相关；而阻碍性压力源正相反，它对个体目标的实现有抑制作用，很难克服，就算克服了也不一定带来回报，会消极影响工作行为、工作绩效、工作满意度和组织公民行为，并且容易诱发工作退缩和离职倾向。

我国学者也对两种类型的压力源进行了探讨。孟晓斌和许小东（2008）[66]以管理者为研究对象，把工作压力分为内源压力和外源压力，内源压力呈现出挑战性压力源的性质，外源压力呈现出阻碍性压力源的性质。实证研究结果表明：工作特征压力和工作期望对任务绩效有显著的正向影响；角色冲突与角色模糊、人际关系与团队氛围和自身因素对任务绩效有显著的负向影响。刘得格等（2011）[67]检验了 Cavanaugh 的压力源二维结构理论在中国的适应性，证明了该理论同样适用于中国企业员工，同时还表明，挑战性压力源与员工的工作投入和工作满意度正相关，而阻碍性压力源与员工的工作投入和工作满意度负相关。

压力源二维结构理论为工作压力与工作绩效关系理论的研究开辟了新的思路，不仅解决了以往压力与绩效之间关系不一致的现象，而且有助于管理者合理区分工作压力源的类型，有针对性地管理员工的压力，对压力管理领域的贡献意义非凡。

# 2.2 研究现状

## 2.2.1 科研压力源的相关研究

### 一、高校教师工作压力的定义及其压力源研究

Kyriacou 和 Sutcliffe 早在 1977 年就发表了一篇关于教师压力的研究性文章，明确地界定了教师压力的概念，即由教师职业本身引起的消极情绪体验，如不安、沮丧、愤怒、紧张、失落等[68]。很明显，这个定义实质上是注重教师压力的负面表现，把压力定义成一种威胁。本研究从客观的角度评价教师压力，由于研究的焦点是高校教师，那么高校教师工作压力应该如何界定呢？综观现有研究，关于高校教师工作压力的定义，以我国学者曾晓娟的定义最为系统全面。她认为高校教师的工作压力是指：高校教师在影响个人绩效和工作目标的压力源长期、持续地作用下，由于个性和应对能力的差别，形成的一系列身心及行为的反应过程[69]。这个定义说明了压力的形成是个复杂的过程，包括压力源的刺激、个体的特征差异和多样化的压力反应。

在相同压力源面前，教师不一定会产生相似的压力反应，这取决于他的性格、价值观、能力及其与环境之间复杂的交互作用，所以，研究教师压力既不能忽略压力源也不能忽略个体差异性。

基于 Lazarus 的交互理论，Kyriacou 和 Sutcliffe（1978）[70]提出了教师压力的形成模型（见图 2–6），揭示了教师压力的形成机理。该模式强调各种压力源与教师个体差异变量的交互作用，潜在的压力源是否会使教师感知到压力，依赖于教师的性格、人格、适应能力、价值观、信念和态度等个体差异变量。不同的个体对压力源都有独特理解，因此不同的教师对相同的压力源所做出的威胁性评价不同。

压力的产生源于压力源的存在，探究教师存在哪些类型的工作压力源，有利于开展本文的研究。通过文献整理，表 2–2 列出了高校教师工作压力源的相关研究成果。

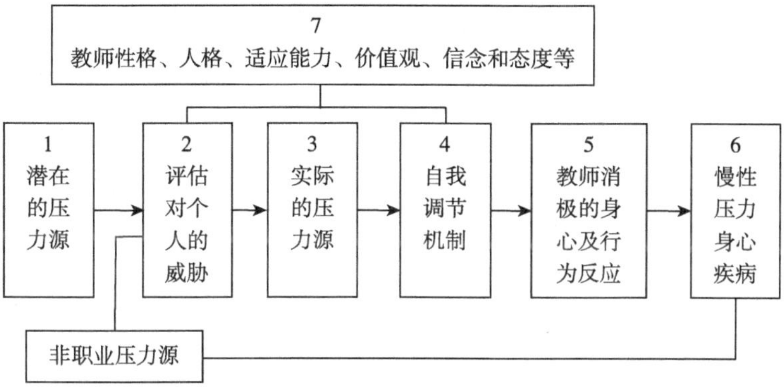


**图 2–6　Kyriacou 和 Sutcliffe 的教师压力形成模型**

**表 2–2　高校教师工作压力源的相关研究成果**

| 学者 | 高校教师工作压力源分类 |
|---|---|
| Fisher（1994）[71] | 多种角色身份、学术职业压力 |
| Abouseri（1996）[72] | 主要压力源是科学研究，其次是时间限制、同事关系、教学压力和学生需求 |
| Adams（1999）[73] | 职业准备不充分、生活和工作满意度低、健康状况不佳 |
| Leung（2000）[74] | 教学与科研的冲突、工作负荷、重视、组织习惯、家庭与工作的界限 |
| Winefiel&Jarrett（2001）[75] | 高负担的科研与教学压力、学校内部资源分配不合理、高校之间和教师之间的竞争日趋激烈 |
| Coser（2003）[76] | 高校体制的变迁、科研和晋升的压力、时间压力、学术规范的压力、高校体制中官僚管理方式的压力 |
| 李虹（2005）[77] | 工作保障压力、教学保障压力、人际关系压力、工作负荷压力和工作无趣压力，其中工作负荷压力和人际关系压力是最主要的两个压力源 |
| 李兆良等（2007）[78] | 工资和福利待遇不佳、科研难做文章难发、付出与收获不成比例 |
| 周立珍，朱俊（2008）[79] | 工作要求增加：工作量增大、对教学质量的要求提高、由生源质量下降导致的授课难度增加、师生关系敏感<br>控制程度低：教学科研资源缺乏、绩效评价不准确、组织支持少、教学技术的进步导致教师自我效能降低 |
| 李逢超（2009）[80] | 领导与组织结构因素、人际关系与自我身心因素、职业发展因素、工作负荷因素、工作无趣因素、工作适应因素、职称评聘和科研因素、学生因素、家庭生活因素 |
| 曾晓娟（2010） | 绩效考核、组织管理、职业发展、工作保障和角色职责 |
| 鲍威和王嘉颖（2012） | 教学压力、科研压力、经济生活压力 |

由上表可知，无论是国外还是国内，对于高校教师而言，除了社会现实环境、组织特征和组织中人与人之间的关系会给教师带来压力以外，来自工作

本身的教学和科研方面的压力成为了教师需要应对的最主要的压力源之一。另外，还有学者把高校教师这个整体划分得更细，黎光明等人（2008）[81]以高校青年教师为研究对象，对其职业压力的来源进行了调查研究，结果发现评价与考核、教学与管理、学术科研、晋升、个人发展、人际关系、社会影响共同构成了青年教师的职业压力源。可见，学术科研对于青年教师而言也是重要的压力源。

## 二、高校教师的科研压力

刘志成和孙佳（2009）[82]通过对广州大学、长江大学、上海大学、上海政法学院、湖南商学院和长沙理工大学等高校的调查发现，在经济收入、职业发展、学校管理与制度、人际关系方面、学生方面和科研方面等十种压力中，科研压力排在第一位，并且有 46.85% 的教师认为压力比较大，7.56% 的教师认为压力非常大。这说明科研压力已成为当今高校教师最主要的压力。

鲍威和王嘉颖（2012）指出我国高校教师正承受着高负荷的工作，高等教育成本的上升、不断膨胀的学术产出压力和科学技术的变迁是导致高校教师工作压力的主要根源。在此基础上，他们提出了高校教师压力的形成机制及其影响，如图 2–7 所示：

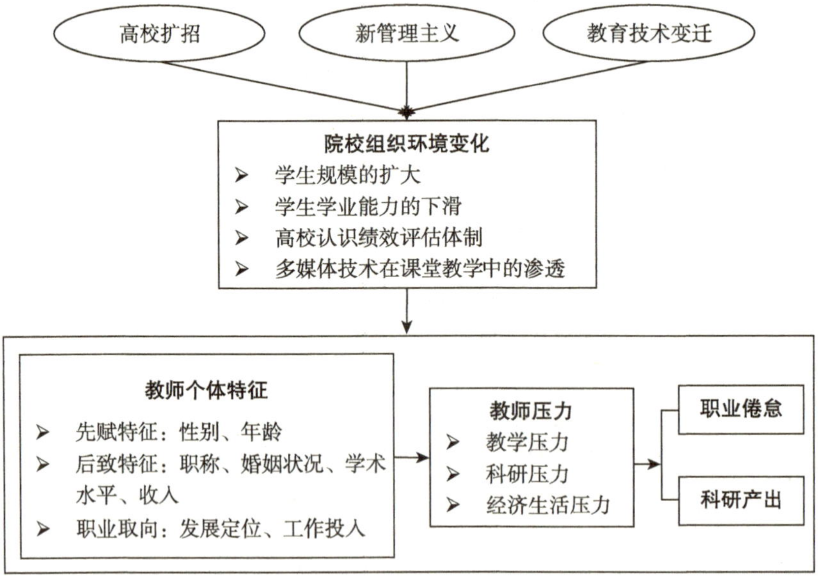


图 2–7　鲍威和王嘉颖的教师压力形成及影响模式

该研究的样本是北京市 22 所高校的教师，共收集了 3368 个有效数据，从教学压力、科研压力和经济生活压力三方面进行调查。研究发现：对于讲师而言，经济压力位于首位，其次是科研压力，最后是教学压力；对于副教授和教授而言，科研压力最重，其次是经济压力，最后是教学压力。由于讲师大部分是青年教师，刚刚开启职业生涯，会面临一些经济上的困难，所以他们感知的经济压力最大，但是随着年龄的增加、阅历的丰富，当评为副教授和教授职称时，经济收入逐渐稳定，相对而言科研压力剧增。副教授和教授代表了学术的领军者，高校对他们科研成果寄与了很高的期望，使科研压力成了他们最大的压力。从年龄的角度讲，35 岁之前的教师经济压力最大，35 岁之后的教师普遍科研压力最大。因此，在当前的形势下，剖析高校教师科研压力的形成机理及其影响模式至关重要。

## 三、高校教师的科研压力源

目前，学术界关于高校教师科研压力源的研究还很匮乏，大部分研究都是直接考量高校教师整体的工作压力源。那么，导致教师产生科研压力的根源是什么呢？从国际大形势上讲，亟待提高中国大学的科研成果是最重要的根源。上海交通大学发布的 2013 年“世界大学学术排名”显示，中国内地共有 28 所大学进入全球 500 所研究性大学排行榜，其中只有清华大学、北京大学、上海交通大学、复旦大学和浙江大学位列世界前 200 名，而前 20 的席位中美国大学占据了 17 位，这充分说明我国的学术成果相比世界百强大学还有一定差距。为提高大学排名、争创世界一流大学，高校之间的竞争越来越激烈，在多种竞争因素中，科研实力成了最关键的竞争砝码，是高校争取排名的重要武器。

高校为增强自身的科研实力，采用了科研绩效考核这一手段，来量化高校教师的科研工作。主要考评内容是申请科研项目的数量和级别、发表论文的数量和级别。高校根据各自的原则对国内外期刊进行划分、界定期刊级别，要求教师在规定的考核时间内发表多少数量的论文，有多少论文要发表在哪些级别的期刊上。项目级别又分为国家级、省部级、市级等，申请到的项目级别越高，科研绩效也就越高。同时，高校还规定了科研考核周期，以三年或五年为期限，定期对教师的科研成果进行考核，对那些没有在规定的时间内完成考核任务的教师，高校会采取一定的方法进行惩罚，如扣除奖金、降级处理等。然而，科研工作是长期而艰辛的脑力工作，优秀科研成果的完成少则需要两三年，多则需要几十年，短短的科研考核周期无疑加剧了教师的科研压力。

由此可见，高校教师科研压力的主要来源是科研考核力度的加大及不合理的考核标准。除此之外，由于各个高校的教师都在积极的申请项目、撰写论文，涌现了大量的项目申请书和学术论文，导致学术上的竞争日趋激烈，出现了课题难申请、论文难发表的现象，加之有些期刊的审稿周期过长，也会促使教师科研压力的产生。另外，科研成果讲究创新，又要理论联系实际，现实问题的敏感度和研究方法的掌握程度对教师而言都是巨大的挑战。

在知识发展越来越快，科研创新越来越难的现实情境下，学科交叉和交融成为了高校发展的新趋势。如果高校教师仍然采取传统的“单枪匹马”的科研方式，将无法胜任时代的要求，因此，高校教师必须寻求合作，借助团队力量提升自身科研水平，所以是否能找到志趣相投、知识互补的合作伙伴，也是构成教师科研压力源的因素之一。科研工作的顺利进行除了要具备人力资源以外，还要具备必要的物质资源，如丰富的科研资料、通畅的沟通平台、先进的机器设备、精密的科学仪器等，物质资源的匮乏也会引起教师的科研压力。

通过观察和调研发现，在上述科研压力源中，有些压力源具备良性压力的特点，有些压力源具备劣性压力的特点，与压力二维结构理论一脉相承。本文秉承压力二维结构理论这一最新的工作压力与工作绩效理论，将科研压力源分为挑战性科研压力源和阻碍性科研压力源。以下对两种类型的科研压力源进行具体的定义。

挑战性科研压力源（Challenge Academic Stressor）是指对教师科研水平的提高和学术生涯的发展有利的压力源，能激发教师的科研动力，教师一旦克服这些压力源，就会产生较高的成就感，并且在科研绩效、工作晋升和未来发展上获得回报。如：较高的科研考核目标、较大的科研任务量、较短的科研考核周期、较重的科研责任等。相反，阻碍性科研压力源（Hindrance Academic Stressor）是指对教师科研活动具有抑制作用的压力源，这种压力源难以克服，不但会使教师产生科研压力感，而且会削弱教师的科研热情、减少科研动力，阻碍教师的学术生涯发展、不利于科研绩效的提高。如：工作中的繁文缛节、学术资源匮乏、科研任务分配不清、不公平的科研考核标准等[83]。

## 2.2.2 科研绩效的相关研究

### 一、结果导向型与行为导向型的评价方式

我国高校科研绩效的评价方式多为结果导向型，即运用计量学的方法把教师的科研能力和学术水平量化为发表论文或申请项目的级别与数量，主要的评价内容包括学术论文、科研项目、学术专著以及成果奖项等几个方面，例如项目来源、经费、论文级别、专著级别、获奖级别等[84]。这种结果导向型的评价方式属于定量评价，定量评价的优势是便于对教师科研绩效进行横向和纵向的比较，具有较高的可观测性和可操作性。大多数高校对教师科研绩效的评价遵循这样的思路：首先由学校对核心期刊和研究成果制定分类分级标准，其次根据教师在一定时期的科研成果对其进行打分，进而确定排名的先后顺序，最后根据排名实施相应的奖励与惩罚措施。王建军（2012）[85]认为这种评价方式建立在如下假设之上：一个学者的科研水平是由其完成的科研成果的质量和数量决定的，而科研成果的质量是通过期刊级别体现的，发表论文的刊物级别越高，被引次数越多，科研水平就越高。然而，这种假设的合理性还有待商榷，量化科研成果的结果导向型评价方法在高校科研评估中盛行的同时也遭受到了种种批评和质疑。

喻世华（2012）[86]认为在高校科研绩效考核中，“期刊级别 = 论文质量 = 学术水平 = 业绩”是极其不合理的。期刊评价指标本身存在局限性，被引次数、影响因子高的论文并不与论文质量直接相关，而是与特定一段时期内的热点和焦点问题有关。况且，引用也可能是批评性的而不是赞同性的。李俊杰（2011）[87]认为量化考核是个复杂的过程，现在以发表论文的数量、所发期刊的级别和影响因子、课题立项的级别和次数等为衡量标准的考核制度过于简单，并且评价过于频繁和密集，很容易诱发教师急功近利的行为，使他们把更多的精力放在短期内就能取得成果的课题上，而忽略难度系数较大、复杂性较高的课题。另外，某些高校在期刊级别的评定上存在问题，导致以期刊级别作为评价指标不合理。任何一个研究领域都有其特殊性，应为每个领域设定相应的期刊级别和数量。有些高校由于期刊认定覆盖面不全，没有充分考虑本学校教师的研究领域和研究方向，因而导致对个别教师科研成果级别的认定不合理，低评了其科研绩效水平。例如：高校中有很多非教育学专业的教师从事高

等教育方面的研究，利用管理学的视角、系统的视角、仿真的视角、行为学的视角等进行教育系统的创新研究和教育质量的评价研究。但是对于非教育学的专业，高校认定的考核期刊中很少有教育类的期刊，这就导致写出来好的论文即使投到好的教育类期刊上，学校也不认可，对教师个人的科研绩效考核作用不大，因而使这些研究交叉学科的教师研究热情受阻。

综上所述，这种结果导向型的定量评价方法具有一定的局限性，考核结果不能真实的反映教师的科研能力和科研贡献。国内学者在研究高校的科研绩效水平或教师科研绩效的比较时，多采用结果导向型的评价方式。如张畔枫（2011）[88]基于SCI、EI和ISTP三大索引对比了河北省六所有博士点高校的科研绩效；朱建育等人（2013）[89]把发表学术论文的篇数、三大检索系统包含的论文篇数和出版科技专著部数作为衡量高校科研绩效的指标，评价了上海高校的科研投入产出情况。而当国内学者研究的是教师某方面的特质或环境与科研绩效的关系时，多采用行为导向型的评价方式。如曾晓娟（2010）在博士论文中研究大学教师工作压力源、压力反应、工作绩效和离职倾向之间的关系时，工作绩效中科研绩效的评价采用的是行为导向型的评价方式。李剑伟（2012）[90]在研究角色期望压力、评聘考核压力、人际冲突压力、职业生涯发展等压力源与高校教师工作绩效的关系时，采用的也是基于行为导向型的科研绩效评价方式。

本文的研究类型属于后者，因此本文采用行为导向型的评价方式，强调“过程与结果并重”，以克服结果导向型“重科研结果轻科研过程”的弊端。以下总结了结果导向型评价方法的两个弊端：

（1）教师为科研工作付出的努力无法客观衡量。一篇优秀学术论文很难在短期内完成。科学研究是一项严谨的工作，好的学术论文从整理文献资料、实践考察、内容设计、方法学习到论文撰写需要很长时间，很可能无法在一个考核周期内完成，这就导致考核期结束时，为科研工作付出很多努力的教师可能因为学术论文尚未完成或尚未发表而获得很低的绩效考核分数。另外，一项优秀科研成果的应用价值不一定在短期内凸显，可能在未来的几年或是十几年才能显现，那么只评价当期的科研成果而不考虑教师的努力程度，会使科研考核的结果有失公正。科研成果是知识产品，它的技术转化过程是漫长的，而现阶段由于科研考核中的不合理因素导致的“重纵向课题轻横向课题”的现象，使得高校与企业之间合作的力度不够，更延缓了这一过程。即使是一项很有潜在价值的成果，也不能立刻断言它的实用价值，所以在科研考核中会存在低评的现象。

（2）教师为科研工作做出的贡献无法客观衡量。虽然高校为弥补定量考核的缺点，更真实的评价教师的科研绩效，在考核中融入了同行评议方法，但是这种方法往往受到人际关系的影响，公信力略显不足，并且同行评审的专家习惯给获得更多科研成果的教师以更高的评价，其实质仍然是量化考核，因此不能有效评价教师的科研贡献。科研贡献不仅包括科研成果，而且包括教师对科研的奉献精神，如爱岗敬业、互帮互助、知识共享等。教师作为高校中的个体，要与高校中的其他个体形成群体、团队，以提高科研战斗力，那么只评价教师自身的科研成果而忽略教师在集体中的贡献，显然不能准确评估出教师的科研绩效。

因此，本文采用行为导向型的评价理念，不仅考核教师的科研成果，而且衡量教师为科研付出的努力和做出的贡献，如科研态度的严谨性、科研参与的积极性和是否具有高度的科研精神等。这种科研绩效评价方式既能克服结果导向型的弊端，又能彰显行为导向型的优势，是顺应时代发展的、人性化的评价方式。

## 二、自评与他评的评价方式

科研绩效的评价方式除了分为结果导向型和行为导向型之外，从调查的角度讲还分为自评和他评。自评是指教师对自己的科研绩效进行评估；他评是指他人（领导或同事）对自己的科研绩效进行评估。本文采用自评的方式来评价教师的科研绩效，原因有三。

（1）他评无法对教师的努力程度和科研贡献做出正确的评估。高校教师，尤其是专门从事科研工作的教师，他们的工作场所相对自由，既可以在实验室工作，也可以在家里工作，没有坐班要求，工作的时间和场所完全由自己掌控。这就使得高校无法准确获得关于教师是否努力进行科研工作的信息，而这些信息恰巧对教师科研绩效的衡量起着非常重要的作用。

（2）他评容易受“晕轮效应”干扰。晕轮效应是指人们对他人的评价首先会根据自己的主观判断得出是好还是坏，然后再推理出其他品质。这就导致一旦一个人对另一个人的评价是好，另一个人就会被光环笼罩，不好的也变成好的。相反，如果一个人对另一个人的评价是坏，另一个人的其他方面也会被认定为坏的。他评存在这种晕轮效应，从这个角度讲，他评不可能做到客观公正。

（3）最了解教师科研情况的是教师自己。无论是对科研工作的付出，还是在科研方面取得的成果，没有人比教师自己更了解自己的科研情况，所以自评获得的数据更加真实。但是，自评存在一个前提假设，即教师能够客观评价出自己的科研绩效。自评往往会出现夸大个人表现的情况，尤其是当评价结果会与名利相关时。本文的研究主旨不涉及教师晋升、职称评定或工资待遇等名利问题，而是纯粹的学术研究，为了探析科研压力源与科研绩效的内在关系，调查也是采取匿名的方式，所以本文认为从事科研工作的教师，应该会以维护学术的纯真性为己任，本着实事求是的原则，确保自评数据的真实可靠性。

基于上述问题的阐述，本文对教师科研绩效的评估本着行为导向型的原则，既衡量教师的科研成果，又考虑教师对科研付出的努力程度和对科研事业的贡献，并且采用自评方式展开调查研究。

## 2.3 本章小结

本章首先介绍了研究所需的理论基础，包括工作压力理论、工作绩效理论和工作压力与工作绩效关系理论。在工作压力理论中，重点阐述了工作要求—工作控制理论、个体—环境匹配理论、付出—回馈失衡理论和 Lazarus 交互理论，随后介绍了罗宾斯的工作压力模型，引出了工作压力源概念，并对国内外工作压力源进行了整理。在工作绩效理论中，区分了结果导向和行为导向的工作绩效定义，对工作绩效的结构进行了阐述。针对工作压力与工作绩效的关系理论，本文阐述了五种关系理论，分别为抑制理论、无关理论、激励理论、倒 U 型理论和压力源二维结构理论，在此基础上引出挑战性压力源和阻碍性压力源的概念。理论基础介绍完之后，本文对科研压力源和科研绩效的研究现状进行了文献梳理，阐述了高校教师科研压力的现状以及科研绩效的测评方法。

# 第三章　基于文献演绎法构建研究模型

在压力与绩效的研究领域中，素来有压力源的好坏之分，好压力源与高绩效相关，而坏压力源与低绩效相关。Cavanaugh 等人的压力二维结构理论把好压力源定义为挑战性压力源，把坏压力源定义为阻碍性压力源。秉承这一观点，本研究认为高校教师的科研压力源也包括两种类型，即挑战性科研压力源和阻碍性科研压力源。最近几年，国外很多学者致力于挑战性与阻碍性压力源的研究，涉及的相关结果变量有工作绩效、组织公民行为、离职倾向和幸福感等。多项研究表明两种类型的压力源对结果变量的直接影响存在差异，并且对结果变量的影响路径也不同。然而，到目前为止，尚缺少关于两种类型科研压力源与科研绩效关系的研究，因此就这一主题展开研究十分必要。以下将重点阐述科研压力源对科研绩效的作用机理，从直接影响、中介效应和调节效应三个方面展开研究。

## 3.1 科研压力源对科研绩效的直接影响

关于科研压力与科研绩效的关系，国内外学者的研究相对较少，且理论探讨居多。我国学者徐珠君和郑醒尘（2012）[91] 认为，教师对科研压力的承受能力不是既定不变的，而是随着职称等级的提高、年龄的增长、知识结构的丰富、科研能力的增强而增强的，并且学校的政策导向、组织的支持、经费的数量都会影响教师的科研承受能力。因此，通过改变教师的个人因素和学校的环境因素能达到提高科研承受能力的目的。他们在压力与绩效的倒 U 型理论基础上，提出了科研压力与工作效率的关系图，如图 3–1 所示：

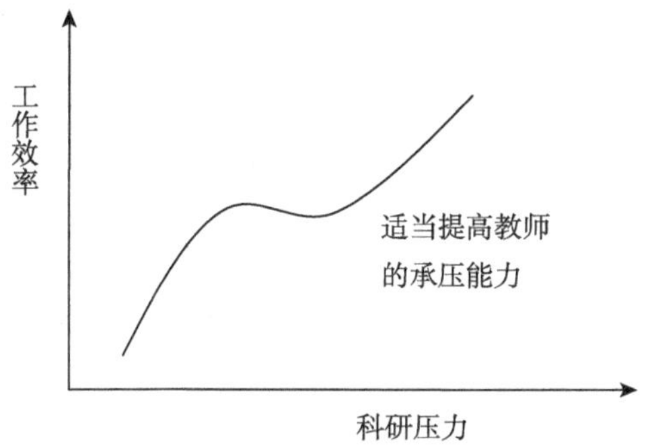


**图 3-1 科研压力与科研绩效的关系图**

图 3-1 所示的科研压力与科研绩效是反 S 型曲线关系，说明在初始阶段，随着科研压力强度的增大，教师的工作效率逐渐提升，当科研压力增大到拐点时，由于教师承压能力的提升，并没有出现倒 U 型关系，即工作效率没有降低，反而随着压力的增加而提高。尽管这一理论直觉上很吸引人，但是仅停留在理论层面，没有实证数据的支持，并且没有对科研压力的来源进行探讨。但是，其中关于教师个体因素和环境因素的提高能影响教师承压能力的观点值得借鉴。

目前，有大量研究结果支持这样一种结论，即挑战性与阻碍性压力源对工作相关变量存在差异性影响。LePine 小组从 2000 年起一直从事压力源二维结构的探讨，他们检验了两种压力源与多种工作变量的关系，得到的研究结论为：所有的压力源都会带来一定程度的心理应激反应，虽然心理应激总是与不良的工作结果相关，但是挑战性的压力源对工作结果总能产生积极的影响。Cavanaugh 等（2000）的研究指出：阻碍性压力源对工作满意度有消极影响、对工作搜寻和离职有积极影响，而挑战性压力源正相反。Boswell 等（2004）在此基础上做了进一步研究，得到的结论基本相似，他们所研究的工作相关变量是工作忠诚、离职倾向和工作搜寻行为。LePine 等（2005）进行了工作压力源与工作绩效的元分析，根据 Cavanaugh 等人的研究结果，把工作负荷、工作责任、时间紧迫性等归为挑战性压力源，把角色模糊、组织结构混乱、人际关系不和谐等归为阻碍性压力源。结果表明，挑战性压力源对工作绩效有直接的正向影响，而阻碍性压力源对工作绩效有直接的负向影响。我国学者刘得格等（2011）探讨了挑战—阻碍性压力源对员工工作投入和工作满意度的影响，也得出了相似的结论，即挑战性压力源与积极的工作行为正相关，阻碍性压力源与消极的工作行为正相关。Widmer 等（2012）以挑战性压力源的代表“时间压力”为研究对象，探讨了时间压力对积极生活态度的作用机制，结果显示，时间压力对积极生活态度的直接影响并不显著，但是，当在模型中添加心理应激这个变量时，时间压力对积极生活态度的直接影响由不显著变为显著。

我国也有学者针对挑战性与阻碍性科研压力源进行研究，但是没有涉及科研压力源与科研绩效的关系。张桂平（2012）[92]在她的博士学位论文中，重点研究了科研考核压力源对高校教师非伦理行为的影响。把科研考核压力源分为挑战性与阻碍性两种，把教师非伦理行为分为科研非伦理行为和教学非伦理行为。研究结果表明：挑战性科研考核压力源对科研非伦理行为的影响为负，对教学非伦理行为的影响为正；阻碍性科研考核压力源对两种非伦理行为的影响都为正。说明挑战性科研考核压力源是一种良性的压力源，能抑制科研非伦理行为，换言之，对科研事业的发展有积极的影响。徐灵等（2013）[93]研究了两种类型科研压力源对高校教师学术不端行为的影响，结果显示，挑战性科研压力源和阻碍性科研压力源都与学术不端行为正相关，但是相对而言，阻碍性科研压力源更容易导致学术不端行为。

挑战性科研压力源包括繁重的科研任务量、严格的科研绩效考核、较重的科研责任等，教师一旦克服了这些压力源，完成了富有挑战性的科研任务，就会产生一种满足感，获得学术上的成功，不但提高了自身的科研水平，而且会带来丰厚的回报，如奖金、晋升、声望等。而阻碍性科研压力源是指科研考核制度不合理、项目申报过程繁琐、学术资源匮乏、论文审稿时间过长、科研任务分配不清等问题，这些压力源不但难以克服，而且克服后不会带来很大的成就感，类似于赫兹伯格双因素理论中的保健因素。这类压力源会阻碍教师的科研热情、削弱教师的科研动力，不利于教师的学术生涯发展。综上，提出以下研究假设：

H1：挑战性科研压力源对科研绩效有正向影响。

H2：阻碍性科研压力源对科研绩效有负向影响。

## 3.2 科研压力源对科研绩效的中介机制

Baron 和 Kenny 在总结前人研究的基础上，于 1986 年正式提出了中介变量

（mediator）的概念[94]，用于解释因果关系发生的原因，换言之，中介变量阐述了自变量对因变量的作用是通过怎样的途径发生的。对中介变量进行研究，既有理论意义又有实践意义，一方面可以清楚地了解两种类型科研压力源对科研绩效的作用机制和影响路径，另一方面可以通过适当的干预中介变量达到提高教师科研绩效的目的。按照 Baron 和 Kenny 提出的选取中介变量的原则，中介变量必须与自变量和因变量都较强相关，本研究在文献梳理的基础上，发现成就动机和科研焦虑符合中介变量的选取原则，因此，以下分别从这两个变量出发，构建挑战性与阻碍性科研压力源对科研绩效的中介机制，提出相应的研究假设。

### 3.2.1 成就动机

#### 一、成就动机的概念及其理论

成就动机（Achievement Motivation）的概念是由哈佛大学 D.C. McClelland 教授于 1953 年正式提出的，即个体对自己认为重要的、有价值的事情乐意去做，努力达到完美的一种内在驱动力[95]。成就动机是一种以取得成功为目标的动机。该概念源自 1938 年 Henry Murray 提出的成就需求，即个体希望表现得尽善尽美，想超越他人达到成功的需求。

McClelland 总结了高成就动机者所具备的四个特征：一是具有追求成功、适度冒险的精神。追求成功是高成就动机者的本质特征，适度冒险说明高成就动机者会事先评估任务的风险性，倾向尝试风险适度的任务。二是对任务中的反馈进行适当的归因。高成就动机者希望在工作中得到反馈，并利用反馈信息梳理阶段性的成败。三是内在满足。在获得成功后，高成就动机者表现出更多的是内在层面上的满足，如成就感、效能感等，而不是外在物质上的满足，如奖金、加薪等。四是追求实际的目标。高成就动机者不意味着盲目追求与现实生活脱节的目标，他们会为自己制定较实际的人生规划。

叶仁敏（1992）[96]指出，成就动机是个体较稳定的个性特征，它的强弱会使个体在工作中产生不同的情感反应，从而影响个体能力的发挥和知识的运用。高成就动机的人倾向于从事高目标、有挑战性的工作，并以高标准要求自己，喜欢通过努力解决问题，并期待完成任务后获得的成就感。他们并不在乎成功之后的物质奖励，而是在乎奋斗过程带来的乐趣。高成就动机的人往往拥有很强的事业心和进取心，是风险性偏好者，希望用成功来检验自己的能力，在遇到困难时会表现出更多的努力和坚持。

Atkinson 把成就动机做了进一步的细分，提出了成就动机理论。该理论认为成就动机包含两方面的含义，即追求成功的动机和避免失败的动机，成就动机由这两种动机的代数和表示。追求成功的个体倾向于选择难度系数高且成功概率不至于过低的工作任务，因为这样的工作任务能充分调动他们对成功的渴望。避免失败的个体习惯把工作中的任务看做威胁，为了避免失败的发生，他们更乐于面对难度系数低、成功概率高的工作任务。若一个人追求成功的动机大于避免失败的动机，那么他倾向于从事成功概率在 50% 左右的工作，因为这种既不太难又不太容易的工作能最大限度地激发挑战性，又不会出现过分为难的情绪。相反，若一个人避免失败的动机大于追求成功的动机，他更愿意选择成功概率很高或很低的工作，因为高成功概率的工作能减少失败发生的概率，低成功概率的工作即使失败了也有借口开脱。

## 二、与成就动机相关的结果变量

自成就动机的概念被提出以后，许多教育心理学与组织行为学的专家开始探讨与成就动机相关的结果变量，研究的焦点是成就动机的高低是否会对个体的学习和工作产生影响。早先的研究专注于理论阐述，而最近几年的研究更注重实证研究。在教育领域，研究的对象多为学生，研究的主题是学生的成就动机与学业投入、学业倦怠或学业成绩的关系，也有少部分研究探讨教师的成就动机与工作绩效、职业倦怠、工作满意度、工作投入的关系，调查对象既有中小学教师又有高校教师。以下对成就动机的相关研究进行具体的梳理。

以学生为研究对象的成就动机及其与相关结果变量的关系。Alivernini 和 Lucidi（2011）[97] 指出动机层面的因素对学生的学习兴趣、在学校的适应能力和辍学倾向有重要影响。Green 等人（2012）[98] 认为成就动机的两个维度对学习结果的影响不同，追求成功动机高的学生在学习的过程中会产生更多积极正向的情感，并且渴望积极结果的发生，而避免失败动机高的学生容易患得患失，被消极负向的情感萦绕，在学习的过程中容易出现逃避行为。我国以文敏（2013）[99] 为主的北京大学心理学系的研究团队，把学习结果划分得更细，分为学业投入和学业倦怠，通过对湖北省某重点高中的调查发现：追求成功的动机和避免失败的动机皆能减缓学生的学业倦怠，促进学生的学业投入，只是两者发生作用的机理不同。杨颉和姜燕媛（2010）[100]认为成就动机是影响大学生创新能力的主要因素，他们以上海交通大学的学生为研究对象，分析了学生的成就动机水平和影响成就动机的因素。结果表明：被调查者整体的成就动机水平不高，只有极少数人具有高成就动机，造成成就动机不高的原因是害怕失败和压力过大。害怕失败意味着避免失败的动机高过了追求成功的动机，导致学生不愿意尝试有挑战性的任务。压力过大是指高校中普遍存在的学习压力、人际压力、就业压力、未来发展压力等会降低学生的成就动机。那么为提高大学生的成就动机，就要重点解决害怕失败和压力过大的问题。

以教师为研究对象的成就动机及其与相关结果变量的关系。我国最早对大学教师成就动机进行研究的是北京师范大学发展心理研究所的张登印等人（1996）[101]，他们对不同年龄阶段、不同性别、不同职称、不同学历的大学教师的成就动机进行了对比研究，结果表明，这些人口统计学变量对教师的成就动机有显著的影响。例如35岁到40岁的教师追求成功的动机大于避免失败的动机，而50岁到60岁的教师避免失败的动机大于追求成功的动机。佟丽君和张守臣（2008）[102]沿用张登印等人的研究思路，分析了人口统计学变量对高校青年教师成就动机的影响。结果表明：随着年龄和教龄的增加，高校青年教师的成就动机水平有所下降；成就动机会受教师学历的影响，学历越高成就动机越高，并且学历对工作业绩有显著的预测作用；男教师的成就动机普遍高于女教师，但未达到显著性水平；成就动机会随着获奖的增加呈现上升趋势。周兆透（2008）[103]对大学教师的成就动机与工作绩效的关系进行了实证研究，构建了以成就动机为自变量、工作满意和工作投入为中介变量和工作绩效为因变量的研究模型，经由结构方程模型分析表明，大学教师的成就动机能正向预测其工作绩效，并且除了存在直接影响以外，还可以通过工作满意度和工作投入对工作绩效产生间接的影响。成就动机较高的人希望把事情做得更完美，工作兴趣浓厚，并且他们不喜欢凭运气获得的成功，希望在工作中能发挥自己的优势，往往在组织中充当领头羊的角色。因此在工作上会有更好的表现，工作效率或是工作绩效都要高于成就动机低的人。毕重增和黄希庭（2005）[104]对中学教师成就动机、离职意向和工作倦怠的关系进行了实证研究，结果表明，追求成功动机高的教师工作倦怠的程度低，而避免失败动机高的教师工作倦怠的程度高，就成就动机的整体概念而言，成就动机与工作倦怠呈负向预测关系。这是由于所研究的样本中，追求成功动机分数高的个体明显多于避免失败动机分数高的个体，所以在回归分析中表现出了追求成功动机对教师工作倦怠的预测作用。因此，高成就动机不仅对工作投入和工作绩效有促进作用，还对职业倦怠有抑制作用。

## 三、成就动机的中介作用

以往的研究结果表明：挑战性压力源和阻碍性压力源对工作相关变量具有差异性影响。那么既然都是压力源，这种差异性是怎样产生的？为了回答这个问题，学者们进行了两种类型压力源对相关结果变量作用机理的研究。

LePine 等人（2004）[105] 的研究发现，挑战性压力源能通过提高学习动机达到提高学习绩效的目的。他们通常把高目标、高要求、高负荷的任务看做积极的、可挑战的，因此能最大程度的调动学习兴趣，投入更多时间和精力，学习动机高涨，取得良好的学习绩效。Chan 和 Hui 以香港 425 名中学教师为被试，进行了压力来源与压力感知的比较性研究[106]。他们设计了两组对比试验，实验组为高负荷工作任务组，对比组为低负荷工作任务组，经过一段时间的观察和调查发现，实验组并没有表现出很强的压力感，反而表现出更多的成就感。说明挑战性压力源一旦克服，就能产生积极的效果。Webster 等人（2010）把工作满意度、心理应激和工作效能作为中介变量，探讨两种类型压力源与组织公民行为和工作绩效的关系。结果表明：阻碍性压力源由于会引起工作满意度的降低而对组织公民行为有消极影响；工作效能在挑战性压力源与工作绩效的关系中扮演着中介桥梁的角色；无论是挑战性还是阻碍性压力源都会引起身体或心理的应激反应。工作效能代表的是克服工作困难的自信程度，Webster 的研究表明挑战性压力源能激发工作效能，增强努力工作的信念。压力源与工作绩效的元分析结果表明，挑战性压力源的积极作用主要表现在能激发个体的工作动机，进而促进工作绩效的提高，而阻碍性压力源正相反，它不仅不会激发工作动机，反而会降低工作动机，阻碍工作绩效的提高。Boswell 等人（2004）的研究也表明，挑战性压力源通过增强个体对挑战性的感知，进而提升工作动机达到提高工作相关变量的作用。

综上所述，学者们习惯从动机的视角揭示挑战性压力源对工作绩效的积极作用。本文的研究主体高校教师作为具有高学历、高智商、高科研责任感的知识型群体，他们从事科研工作的动机更可能来源于成就动机。

就挑战性科研压力源而言，它通常与具体的科研任务或科研过程中的困难相关，如较高的科研目标、较重科研任务量、科研任务的时间紧迫性、挖掘新颖的课题难、科研成果创新难等。这类科研压力源存在一个共性，就是经过努力一旦被克服会带来积极的结果，如达到考核目标、在规定的时间内完成科研任务有利于教师的职称评定，发现有趣的问题有利于教师进行后续研究。因此在挑战性压力源面前，教师会投入更多的科研精力，增加求学的欲望和对成就感的追求，从而有利于工作绩效的提高。

阻碍性科研压力源则正相反。顾名思义，阻碍性科研压力源会对教师的学术生涯发展产生阻碍作用，这类压力源不但难以克服，而且克服后也不会带来成就感，不仅消耗教师的科研精力，而且很难产生理想的结果。例如科研工作中的繁文缛节，这是由高校的组织结构和规章秩序决定的，是多年来形成的，很难因某个人或某几个人的不满而改变，就算繁文缛节得到了改善，也很难激发教师对科研成就感的追求，仅仅是减少科研工作中的抱怨而已。再如学术资源匮乏，教师认为学校应为自己从事科研工作提供必要的学术资源，一旦教师发现学术资源十分有限、不足以支撑课题研究时，会降低科研动力，产生抱怨情绪，不但不能提高科研成果的产出，反而会削弱教师的成就动机。

另外，Van den Broeck 等人（2010）[107] 的研究表明，挑战性的工作会增加工作活力（Vigor），而阻碍性的工作会降低工作活力。工作活力即旺盛的工作精力和坚韧的工作毅力。这也从某种程度上表明，挑战性科研压力源促使教师主动地、积极地解决困难，因而能增加成就动机，而阻碍性科研压力源容易引起消极的工作状态，从而降低成就动机。综上，提出以下假设：

H3：挑战性科研压力源对成就动机有正向影响。

H4：阻碍性科研压力源对成就动机有负向影响。

H5：成就动机对科研绩效有正向影响。

H6：挑战性科研压力源通过成就动机的中介作用对科研绩效有正向影响。

H7：阻碍性科研压力源通过成就动机的中介作用对科研绩效有负向影响。

## 3.2.2 科研焦虑

### 一、焦虑的概念、分类及其相关的结果变量

个体在工作中会表现出正反两方面的情绪。正面情绪代表了一种积极的情绪体验，如乐观、自信、兴奋、高兴等；负面情绪代表了一种消极的情绪体

验，如伤心、焦虑、痛苦、愤怒等。根据认知评价理论，个体对事件的评价包括两个过程，第一个过程是对事件的主观性评价，衡量事件的好坏；第二个过程在第一个过程结束后随之发生，即根据自身情况判断事件是否有利，推断事件发生的原因和可能产生的结果。工作情绪是在第二个评价过程中产生，这个过程决定了情绪的正面或反面，以及情绪的强弱和持续的时间。

焦虑就是在第二个评价过程产生的，它是一种负面情绪，是指当个体面对挑战、困难或危险时，担忧自己不能达到目标或不能克服障碍所产生的一种复杂的情绪反应，由紧张、焦急、忧虑、担心、恐惧和抱怨等多种感受交织而成。具体而言，焦虑的表现是内心有一种难以忍受的不适应，严重的有大祸临头的感觉，伴随着坐立不安、提心吊胆、心乱如麻、脾气暴躁，还会出现手脚冰凉、腹泻、头痛、失眠等症状。由焦虑的概念和表现可知，焦虑具有如下特征：

（1）焦虑是一种消极的情绪体验。焦虑由紧张、焦急、忧虑、担心、恐惧和抱怨等多种负向情绪构成。

（2）焦虑的产生是一个认知评价过程。随着事件的发展、事情的解决，个体可能由焦虑变为不焦虑，也可能从轻微焦虑变成严重焦虑，这都取决于个体对事件发展及自身能力的评价。

（3）焦虑的表现伴随一系列生理反应。焦虑这种心理上的不适会映射出生理上的不良反应，如失眠多梦、心跳加快、血压增加、胃部不适、腹泻、植物性神经紊乱等。

基于不同的研究视角，学者们认为焦虑存在不同的类别，以下对三种经典的分类方式进行阐述。

（1）客观性焦虑、神经性焦虑和道德性焦虑。此分类是基于精神分析理论视角得出的。客观性焦虑是指由于客观事实的存在使个体自尊心受威胁引起的焦虑。以本文的研究情景为例：职称评定在即，对于很想晋升职称的教师，发现竞争者的科研成果明显多于自己的科研成果，这种情景下引起的焦虑就是客观性焦虑。神经性焦虑是指个体在任何情况下都可能发生焦虑，不仅仅是对特殊事件的反应。这类个体对什么事都表现得忧心忡忡。道德性焦虑是由于违背社会道德标准而产生的情绪反应。即自身的行为表现与社会公认的标准不符时出现的。

（2）状态焦虑和特质焦虑。美国心理学家 Spielberger 于 1966 年提出了状态—特质焦虑（State-trait Anxiety）理论[108]，从心理学的角度对焦虑进行了分类。状态焦虑是由特定情境引起的，具有短暂性、情境性、多变性和不稳定性的特点。特质焦虑是个体相对稳定的一种人格特质，不因时间、地点、情境的改变而改变，具有个体差异性特征。本文所涉及的科研焦虑属于状态焦虑的范畴，因为它是高校教师在科研情景下产生的，并且随着科研任务的强度变化会呈现出强弱变化，具有情景依赖性、不稳定性等状态焦虑的特点。

（3）促进性焦虑和妨碍性焦虑。Raffefy 根据焦虑引起的行为结果，将焦虑分为促进性和妨碍性。顾名思义，促进性焦虑是指导致好的行为结果出现的焦虑，而妨碍性焦虑是指导致坏的行为结果出现的焦虑。

适度的焦虑是正常的，没有焦虑，个体的行为会缺乏动力，但是如果焦虑持续的时间太长或焦虑的反应过度强烈，则会引起一系列的身心疾病。焦虑的危害主要体现在对身心健康的损害和对正常工作的干扰。Widmer 等（2012）[109]的研究指出，个体在时间压力下表现出的心理应激反应对乐观的生活态度有显著的消极影响，会降低个体的幸福感。Rodell 和 Judge（2009）的研究表明，焦虑容易诱发反生产性行为，并对组织公民行为的发生有阻碍作用。还有研究表明焦虑能降低个体的工作绩效和工作满意度。

## 二、高校教师的焦虑、焦虑源及与焦虑相关的结果变量

教师包含多种形式的焦虑，教学焦虑、人际焦虑、生活焦虑等，到目前为止，还没有形成关于教师焦虑的普适性定义，学者们都是根据不同的侧重点来定义教师焦虑。如教师的教学焦虑是指教师在准备与执行课堂活动时经历的紧张、担忧、慌乱等症状。肖伟平和马勇军（2009）[110]通过整理国外关于教师焦虑的定义，提炼出了比较全面的概念解释，即不同类型的教师在思考或实际从事日常教学的过程中，由于对教学对象的特点、目标完成情况和教学情境的不确定性而产生的紧张、不安，带有恐惧色彩的消极情绪体验，甚至伴随失眠、厌食等症状的出现。

本文侧重教师在工作中产生的焦虑，对高校教师的焦虑进行了定义，即在高等教育情境下，教师在教学和科研的过程中，面对一系列不确定性因素所产生的紧张不安、忧心忡忡、提心吊胆等主观情绪体验。最近几年，国内开始有学者涉足高校教师焦虑的实证研究，邵焕荣（2009）[111]调查了山东省部分高校教师的焦虑情况，她采用美国杜克大学 Zung 的焦虑自评量表（Self-rating

Anxiety Scale，简称 SAS）作为测量工具，结果表明，被调查样本的总体焦虑水平高于正常水平，说明高校教师处于高焦虑状态。既然高校教师的焦虑水平较高，那么探寻什么引起了教师的焦虑就显得尤为重要。

本文把引起焦虑的来源称为焦虑源。国外学者早就对焦虑源进行了研究，Orton（1981）[112]通过对 60 位大学教师的访谈发现，绝大部分教师正被不同程度的焦虑情绪困扰着。经过进一步的研究，他发现教师的焦虑源有：把学生的提问或评价看做威胁，担心学生不尊重自己，害怕课堂秩序失控等。本文认为高校教师的焦虑源有三个方面：一是学生，学生是教师的施教对象，学生是否遵守纪律，是否尊敬教师构成了焦虑的来源；二是工作，工作中涉及教学规划、课程安排、备课，还有科研，在任何一个环节遭到不认同或质疑，都会滋生教师的焦虑；三是教师自身，每个教师都有自己的世界观、人生观和价值观，看待事物的方式方法存在差异，当工作中的物质、文化、精神等条件得不到满足时容易诱发焦虑。另外，高校教师往往对自己有较高的期望，在教学质量评估、职称评定、绩效考核、竞聘职务中都追求成功，希望得到家人、学校乃至社会的肯定。一旦在努力的过程中遇到不可预测的困难、危机，或者没有达到期望的结果，便会自尊心受损、自责、郁闷，出现不良的身心反应，进而诱发焦虑心理的产生。

焦虑在高校教师中的具体表现是：担心教学事故出现，特别在乎学生、同事、领导对自己的评价，恐怕延误科研任务的完成，害怕绩效考核结果不佳等。由焦虑的相关理论可知，适度的焦虑可能对教师的成长有促进作用，因为焦虑会激发教师的潜能，促使教师不断学习，提高教学水平和科研水平，有利于学生的培养和教师的发展。但是过度的焦虑会引发一系列身体、教学、科研和家庭上的问题。如美国心理学家 Bernstein（1983）[113]指出，教师处于长期、严重的焦虑状况下，会出现生理紊乱，还可能酗酒、破坏家庭关系。Gardner 等人（1994）[114]认为焦虑会使教师在工作中出现不愉快的状态，使教书育人变成令教师反感的事。

## 三、科研焦虑的概念

高校教师的工作包括两方面的内容，一是教学，二是科研。由于本文聚焦的是教师的科研工作，为符合研究情景，故提出高校教师科研焦虑（Academic Anxiety）的概念，即当教师感知到尚未完成的科研任务存在具体的或潜在的威胁时，所产生的紧张、不安、烦躁等负面情绪。目前，科研焦虑是高校教师在科研过程中普遍存在的一种情绪反应，但是就科研焦虑对教师科研工作展开研究的文章很少见，且停留在理论层面，只是简单探讨科研焦虑的产生和影响，未涉及科研焦虑的测量和实证方面的研究。CSSCI 来源期刊《中国科技论坛》2013 年第 4 期的卷首语曾呼吁，有兴趣的学者可以关注科研人员的焦虑，在实证研究的基础上挖掘科研人员的焦虑程度及其与其他相关变量的关系，如科研逃离现象。

### 四、科研焦虑的中介作用

尽管本文假设挑战性与阻碍性科研压力源对科研绩效和成就动机有差异性的影响，但是本文期望两种类型的压力源对科研焦虑有相似的影响。虽然挑战性压力源能引发积极的工作态度和行为，但是也会产生不良的后果，否则就不会称之为压力源，压力源都会给个体带来压力感，进而产生身心负担。

综观现有文献，挑战性和阻碍性压力源都会导致心理应激反应。Webster 等人（2010）检验了两种类型的压力源对应激反应的影响。应激反应包括心理应激和身体应激，心理应激用挫败感衡量，如尝试完成我的工作是不可能的；身体应激用身体上的症状衡量，如颈椎痛、后背痛、眼酸等。结果表明，挑战性压力源和阻碍性压力源都能导致不同程度的应激反应，说明只要构成压力源，不管它属于什么类型，都会对人的身心健康产生一定的消极影响。在 Boswell 等人（2004）的研究中，他们用焦虑和情绪耗竭来评价心理应激反应，得到的结果与 Webster 等人的研究一致，即两种类型的压力源加剧了焦虑情绪和情绪耗竭。LePine 等人（2005）关于挑战性与阻碍性压力源与工作绩效的元分析结果也表明，两种类型的压力源都会引起心理应激反应，对身心健康产生消极影响。

Rodell 和 Judge（2009）的一篇《好压力源能诱发坏行为吗？情绪因素在挑战性—阻碍性压力源与组织公民行为和反生产性行为中的中介作用》发表在心理学的权威期刊《Journal of Applied Psychology》上，引起了不小的轰动。研究的主旨内容是以焦虑、愤怒和专注力为中介变量，检验挑战性与阻碍性压力源对组织公民行为和反生产性行为的作用机制。结果表明，作为好压力的挑战性压力源虽然能通过增加专注力来提高组织公民行为，但也能通过增加焦虑来降低组织公民行为并且加剧反生产性行为。阻碍性压力源无疑是一种坏压力，既会增加焦虑也易引起愤怒，对工作行为变量有消极的影响。可见，焦虑是一个特殊的中介变量，挑战性压力源和阻碍性压力源都与焦虑正相关。Lazarus 早就指出，当个体面对具体的、潜在的威胁的时候，焦虑就会产生。

具体到本文的研究情境，挑战性科研压力源是一种能激发教师科研动力的压力源，同时具有挑战性的特征，如考核周期短和考核任务量大，教师不确定是否能在规定的考核周期内完成巨大的科研任务量，这种不确定性就是一种潜在的威胁，会引发教师紧张、不安等情绪。又如科研成果创新难，创新是一个复杂多变的过程，其中存在很多不确定性因素，要综合考虑个人能力、时代发展、社会需要等多个方面，所以若想实现科研成果创新不仅不是一件简单的事情，而且是一件不确定的事。对自己要求高或是高校考核标准高，都会使教师产生压力，引发焦虑，所以说挑战性科研压力源能导致科研焦虑的产生。另外，教师在满足挑战性科研压力源的过程中，会面临很多困难，极易产生疲惫感和挫败感，这些消极情绪会加重科研焦虑，成为科研成功的阻力。

阻碍性科研压力源包括教师自身的角色模糊、科研工作中的繁文缛节、不公平的考核要求、有限的学术资源、审稿周期过长等，这些压力源对教师的科研工作无疑是一种阻碍，并且难以克服。角色模糊需要教师在科研的过程中慢慢摸索、慢慢改善；工作中的繁文缛节在很多组织中都存在，是长久形成的、很难转变；考核要求中的不合理因素也不是一朝一夕能改变的；学术资源的匮乏与我国整体的科研实力有关，也与高校的学术发展有关，购买国外的数据库需要大量资金，绝非凭教师一己之力就能实现；审稿周期取决于杂志社的审稿流程、审稿速度、责任编辑、主编和外审专家的工作时间和责任心，而与教师自身无必要联系。所以说，阻碍性科研压力源很难克服。这些压力源的存在，会使教师产生无能为力的感觉，很多事情只能接受，而不是通过自己的努力就能改变的，因此更会产生沮丧、烦躁等情绪，使原本为克服挑战性科研压力源而努力的教师更加焦虑。综上，本文提出以下假设：

H8：挑战性科研压力源对科研焦虑有正向影响。

H9：阻碍性科研压力源对科研焦虑有正向影响。

H10：科研焦虑对科研绩效有负向影响。

H11：挑战性科研压力源通过科研焦虑的中介作用对科研绩效有负向影响。

H12：阻碍性科研压力源通过科研焦虑的中介作用对科研绩效有负向影响。

# 3.3 科研压力源对科研绩效的调节机制

Baron 和 Kenny（1986）在定义中介变量的同时，也定义了调节变量，即当自变量与因变量的关系会随着第三个变量的变化而变化时，这个第三变量就是调节变量（moderator）。在现实情境中，若发现自变量和因变量的关系在强度或方向上存在变化，那么可能存在调节变量影响着二者的关系。温忠麟等人（2005）[115]针对调节变量举了一个形象的例子：把老师的教学方式作为自变量，学生的学习效果作为因变量，通过实验发现这样的现象，某种教学方式对一些学生有效，而对另一些学生无效，说明学生的个性起到了调节变量的作用，不同个性的学生适合于不同的教学方式，因此要因材施教。具体到本文情境，不同的教师在相似的科研压力源面前会表现出不同的应对策略，导致不同的科研绩效，所以可能存在某种个体差异变量或环境差异变量，影响着科研压力源与科研绩效的关系。本研究在文献梳理的基础上，提出两个个体差异变量科研自我效能和情绪智力，一个环境差异变量学术氛围作为调节变量，构建挑战性与阻碍性科研压力源对科研绩效的调节机制，以分析三个调节变量的调节效果。

## 3.3.1 科研自我效能

### 一、自我效能的概念及其相关的结果变量

早在 20 世纪 70 年代，美国心理学家 Bandura 就提出了自我效能（Self-efficacy）的概念，即个体对自己有能力做好某项工作的自信程度。自我效能是 Bandura 社会认知理论中的一个具有代表性的概念，强调人的主观能动性。Bandura 认为个体所拥有的知识和技能不能直接预测个体的行为，知识、技能和行为之间存在桥梁，而自我效能恰好起到了这一桥梁作用，因为只有相信自己通过努力能达到某种期望的结果，才能在困难面前拥有持久的耐力和不竭的动力，所以自我效能才是影响个体行为最关键的因素[116]。

自我效能包括两方面的含义，即效能预期（Efficacy Expectation）和结果预期（Outcome Expectation）。效能预期是个体对自己是否有能力进行某种行为的

推测；结果预期是个体对自己的某种行为可能导致什么结果的推测。由概念可知，效能预期和结果预期存在先后顺序，它们在个体—行为—结果之间所起的作用不同。如图 3–2 所示：

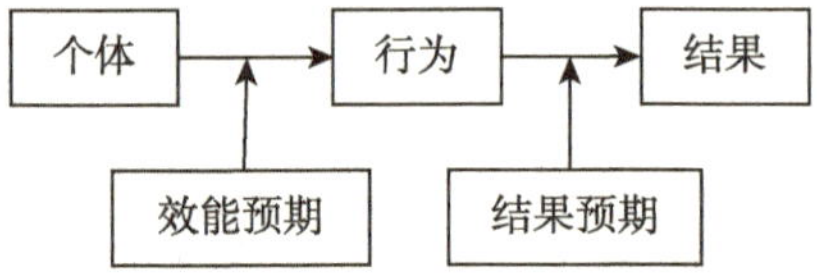


**图 3–2　效能预期与结果预期的作用图**

效能预期控制的是个体与行为之间的关系，即个体是否相信自己有能力实现某种行为。结果预期控制的是行为与结果之间的关系，即个体是否相信自己的某种行为能实现某种结果。个体的行为主要受效能预期的影响，因为即使个体相信自己的行为能够导致某种期望的结果发生，但是不一定相信自己具备某种能力来实现这种行为。个体往往倾向于选择效能预期和结果预期都高的任务，效能预期很高但结果预期很低的行为发生了也没有意义，结果预期很高但效能预期很低的行为不易发生，可能个人本身就不具备相应的能力。自我效能通过影响个体的认知过程和评价过程来实现调节个体行为的作用。

既然自我效能可以影响个体的行为，那么自我效能是如何形成的呢？换言之，自我效能的形成受什么因素的影响？ Bandura（1997）[117]强调，不同个体的自我效能不同，自我效能的形成主要依据以下四个方面：

（1）先前经验。先前经验是个体在执行某种行为后的成败经验，它是决定自我效能高低最本质的因素。通常情况下，成功的经验会促进自我效能的提高，而失败的经验会降低个体的自我效能。

（2）他人经验。他人经验是指个体通过观察和模仿他人的行为而获得的经验。他人经验发挥作用的前提是他人的个体特征与自己的个体特征相似，在这种情况下自己会相信他人成功的经验对自己同样适用，他人在某种情境下取得了成功，自己也会在该情境下取得成功。

（3）劝说。劝说有两层含义，一是来自社会其他个体的劝说，二是自我规劝。劝说是否起作用取决于劝说的内容是否符合实际，与实际不符的劝说对自我效能的影响不大。

（4）生理和情感状态。个体在任务面前会产生相应的身体、心理和情绪上的反应。身体不适、紧张、消极的情绪会降低个体的自我效能，不利于自我信念的建立，反之亦然。

在 21 世纪以前，国外学者专注于研究自我效能的预测力，在各个领域探讨自我效能对学习中的行为、工作中的行为和身体健康的影响，获得了丰硕的研究成果，在此基础上，很多学者进行了一系列的元分析。Stajkovic 和 Luthans（1998）[118] 的元分析结果表明自我效能对工作绩效有正向的预测作用。Multon 等人（1991）[119] 的元分析结果表明自我效能对学业成就有正向的预测作用。另外，Holden（1992）[120] 的元分析结果表明自我效能对后续心理健康有一定预测作用。

随后，Chen 等心理学家认为可以把自我效能看做一种特质，因此出现了一般自我效能的概念。一般自我效能描绘了个体的一种稳定的人格特质，是个体在困难面前所表现出的自信程度。实证研究表明，一般自我效能在具体的工作领域预测个体的工作行为、工作绩效和工作态度方面表现出很低的预测力，因此学者们试着针对不同的领域研究自我效能。事实证明，与特定研究领域相结合的自我效能对努力程度、坚韧性、情绪应对方式、工作绩效、工作态度、工作满意度、组织承诺和组织公民行为等都具有很强的预测力。因此，Bandura 在他之后的研究中指出，对于特定的工作领域，该领域特定的自我效能比一般自我效能具有更好的预测力，要根据具体的情境研究自我效能[121]。

## 二、教师自我效能的概念及其相关的结果变量

教师自我效能在国外文献中的表述为 teacher self-efficacy、the sense of teacher efficacy 或 perceived teacher efficacy 等，多样化的表述从侧面说明了学者们对教师自我效能的概念没有形成一致性的理解[122]。综观现有研究，对教师自我效能的概念解释主要有三种。第一种，教师自我效能指教师对自己具有影响和帮助学生能力的自信程度。这类定义意在强调教师在影响学生发展中的能力。第二种，教师自我效能是教师对自己执行具体教学任务能力的自信程度。这类定义关注的是教师的教学能力。第三种，教师自我效能是肯定自己教学效果的满足感。随着 Bandura 自我效能理论的不断完善，不少学者认为教师自我效能属于特定领域自我效能的范畴，是自我效能概念的延伸，所以越来越多的学者认同第一种和第二种概念。这两种概念强调的都是教师这一特殊职业对自身能力的自信程度，只是侧重点不同，第一种概念强调的是教师影响学生、培养学生的能力，第二种概念强调的是教师的教学能力。

我国关于教师自我效能的研究最早出现在1992年黄巍的文章中，他当时用的是“教师功效”（Teacher Efficacy）[123]这个词，沿用的是第一种概念。随后我国很多学者对教师自我效能的影响因素和结果变量展开了探讨。辛涛等人（1994）[124]以中小学教师为调查对象，研究了影响教师自我效能的人口统计学变量和环境因素，结果发现学历对教师自我效能的影响最显著，两者呈正相关关系，并且学校的客观条件越好、规章制度越完善、师生关系越融洽、教师的未来发展越好，教师的自我效能也就越高。李晔和刘华山（2000）[125]的研究表明教师自我效能是学生学习成绩好坏的重要预测变量。庞丽娟和洪秀敏（2005）[126]认为教师自我效能是教师产生自主工作动机的内在原动力。她们强调自我效能对教师工作动机强度的发挥起着核心决定作用，直接影响其工作的积极性和主动性。国外学者 Tschannen-Moran 和 Woolfolk（2007）[127]在研究中指出，教师自我效能会影响教师实现目标的努力程度，在面对困难时，高自我效能的教师能坚持不懈的努力，并且能承受一定程度的压力和消极情绪。

上述研究对教师自我效能的探讨多集中于中小学教师，而大学教师比中小学教师的工作内容更复杂，不仅涉及教学工作，还涉及科研工作。鉴于张佩秋和陈亚轩（2012）[128]的研究，高校教师自我效能是指教师对自己的教学水平、科研水平、影响学生行为和成绩能力的自信程度。他们在研究中指出，重点高校教师和高学历教师的自我效能更高，并且自我效能对提高教师的专业承诺、身心健康有重要的推动作用。徐亚宁和黄金标（2007）[129]论证了高校教师自我效能与教学绩效的关系，结果表明教师的自我效能越高，教学绩效也越高。

## 三、科研自我效能的概念及其相关的结果变量

本研究的立足点是高校教师的科研工作，因此针对这一特殊的研究情景，参照 Bandura 的自我效能定义，本文界定了科研自我效能（Academic Self-efficacy）的概念，即个体对自己有能力完成科研任务的自信程度。科研自我效能是教师自我效能的子概念，强调的是教师的科研能力，适用于高校教师群体。相比教师自我效能，国内外关于教师科研自我效能及其相关结果变量的研究还很少见，以下对收集到的几篇文献进行整理。

Zajacova 等（2005）[130]指出科研自我效能对学术成功有显著的正向影响。我国学者周菲（2009）[131]对科研自我效能进行了维度划分，确定了科研自我

效能的三维结构，包括立项自我效能、研究自我效能和成果展示自我效能，并用数据验证了三维结构的稳定性，同时结果表明，科研自我效能通过工作满意度、工作压力感、合作与协同对科研团队的创新绩效产生显著影响。王树涛和毛亚庆（2013）[132]用自编的科研自我效能量表，对研究生的科研自我效能进行评价，以确定科研自我效能的维度。实证研究的结果表明，科研自我效能呈现出了六个因子清晰的结构，分别为胜任效能感、实践效能感、投入效能感、创新效能感、应对效能感和坚持效能感，其中胜任效能感最重要，描述了自己对能够有效完成科研任务、实现科研目标的信念。张永军等人（2013）[133]认为科研自我效能反映了个体对学术的信心，对学术成果有积极的预测效果，科研自我效能与学术不端行为显著负相关。

## 四、科研自我效能的调节作用

Bandura在提出自我效能概念的时候就指出，自我效能有利于缓解工作压力带来的消极影响，并且会对人们的想法、动机和行为产生不同程度的影响。近十几年，在工作压力模型的探讨中开始重视心理调节机制，特别是自我效能的调节作用。Schaubroeck等人（2000）[134]在研究工作控制感与压力的关系时指出，自我效能在两者的关系中起调节作用，对于高自我效能者，增加员工对工作的控制感可以缓解工作压力，而对于低自我效能者，增加工作控制感反而会增大工作压力，因为他没有足够的信心可以很好的控制工作。Lu等人（2005）[135]对中国经理人的职业压力进行分析，阐明了自我效能的重要作用，当个体对自身产生更积极的评价时，可以减弱压力引起的负面影响。我国学者赵西萍等人（2008）[136]在Karasek的工作要求—工作控制模型基础上，融入了自我效能的概念，提出了自我效能与工作控制匹配性模型，扩展了这一著名的工作压力模型。他们认为，工作控制代表员工对组织环境的评价，即拥有的决策权大小和技能手段的多少，而自我效能代表员工对自身能力的评价。工作控制和自我效能的匹配程度直接影响工作压力的大小。他们划分了四个区域，分别为高自我效能—高工作控制、高自我效能—低工作控制、低自我效能—高工作控制和低自我效能—低工作控制。在第一和第四区域，无论自我效能和工作控制的高低，它们都是相匹配的，因此工作压力较低。在第二和第三区域，两者是不相匹配的，因此工作压力较高。所以，自我效能这种个体差异变量，在压力的感知方面起着重要的调节作用。

在管理学与组织行为学领域，学者们探讨自我效能的预测效果时，主要集中在工作绩效上。Stajkovic 等人（1998）的研究结果表明，特定领域的自我效能与工作绩效具有较高的相关性，是预测工作绩效的最佳指标之一。目前，很多研究支持这样的观点：自我效能对工作压力与工作结果变量之间的关系起调节作用。Raghuram（2004）[137]指出高自我效能感的个体愿意尝试有挑战性的工作，喜欢设置高目标，并愿意为实现目标努力。同时，高自我效能的个体善于排除非工作因素对工作的干扰，减小工作压力，从而能获得良好的工作效果。另外，高自我效能的个体倾向于采用解决型应对方式，积极地处理问题，即使面临挑战性的压力源，也能维持高水平的工作绩效；而低自我效能的个体倾向于采用情绪型或回避型应对方式，尤其是面对高目标、有挑战性的任务时，表现出更多的无能为力，难以发挥正常的工作水平，并且当无法应对压力时，会进一步怀疑自己的能力，降低自我效能，形成恶性循环[138]。Siu 等人（2005）[139]以香港和北京的员工为样本，检验了自我效能在工作压力源和工作幸福感之间的调节效应，结果表明自我效能与工作满意度正相关，并且能缓解某些压力源与幸福感的关系。冯冬冬等（2008）[140]就目前普遍所在的阻碍性压力源“工作不安全感”与工作绩效和工作幸福感的关系进行探讨，研究表明，工作不安全感显著的负向影响工作绩效和工作幸福感，但是一般自我效能发挥了重要的调节作用，它对工作不安全感与身心健康、工作绩效之间的关系起着显著的调节效能。

以往的研究不但表明自我效能与工作结果变量正相关，还表明与工作中的消极情绪负相关。Bassam（2006）[141]在探讨计算机培训效果时指出，相信自己有能力学好计算机的个体更少产生学习焦虑，说明自我效能与学习焦虑负相关。Jex 和 Bliese（1999）[142]在探讨工作压力源的影响效果时指出，自我效能可以负向调节压力源与职业紧张的关系，即自我效能越高的个体，压力源对职业紧张的正向影响越弱。Tang 等人（2001）[143]研究了中国教师工作压力源与工作倦怠的关系，结果表明，高度的工作压力是导致教师倦怠的主要原因，但是教师的自我效能与工作倦怠负相关，自我效能越高的教师越能应对压力，表现出很低的工作倦怠。我国学者赵青和许百华（2006）[144]综述了自我效能对工作压力的调节作用，以及与压力交互后对工作绩效、工作态度和应对方式的影响，点明了自我效能在激发个体动机和行为的过程中起核心作用。

科研自我效能，专指教师在科研方面的自我效能，属于特定领域的自我效能，按照上述分析，也会在压力源与相应的结果变量之间起调节作用。高科研自我效能的教师在挑战性科研压力源面前，相当于高自信的个体面对高要求的工作，会比低自信的个体面对高要求的工作表现出更多的适应性，他们相信自己有能力胜任有挑战性的科研任务，这种自信会激励他们不断努力、克服科研道路上的种种困难，因此会获得更高的科研绩效。故本文假设：

H13：科研自我效能正向调节挑战性科研压力源与科研绩效的关系。即教师的科研自我效能越高，挑战性科研压力源对科研绩效的正向影响越强。

在阻碍性科研压力源面前，高科研自我效能的教师相比低科研自我效能的教师，更能排除科研阻力，采取积极的解决方式，保持正向的工作态度，朝着工作目标努力，而不是被困难吓倒、一蹶不振。故本文假设：

H14：科研自我效能正向调节阻碍性科研压力源与科研绩效的关系。即教师的科研自我效能越高，阻碍性科研压力源对科研绩效的负向影响越弱。

## 3.3.2 情绪智力

### 一、情绪智力的概念及其理论

1990 年，耶鲁大学心理学家 Salovey 和新罕布什大学心理学家 Mayer 首次提出了“情绪智力”（Emotional Intelligence）概念，把情绪智力定义为个体认知、评价、管理和控制自己或他人情绪的能力。1995 年，哈佛大学心理系教授 Goleman 撰写了《Emotional intelligence：Why it can matter more than IQ》一书[145]，为了与“智商 IQ”相对，他在书中用“情商 EQ”代替情绪智力进行问题的阐述，使情商这一术语得以广泛流传。情商与情绪智力意义相同，在日常生活和实践中多用“情商”一词，而在学术研究领域更多的是使用“情绪智力”。

Mayer 等（2000）[146] 把情绪智力理论划分为能力模型和混合模型两大流派。能力模型流派把情绪智力看作个体有效并准确地加工情绪信息的能力，侧重情绪本身以及情绪与思维的关系，代表人物是 Mayer 和 Salovey。Mayer 和 Salovey（1997）提出了情绪智力四因素模型[147]，认为情绪智力包括：情绪的感知与表达能力、情绪对思维的促进能力、情绪的理解与分析能力和情绪的控制能力。能力模型流派的学者都支持这一理论，并在此基础上进行模型的扩展和应用研究。

混合模型流派认为情绪智力不仅是一种能力，还包括多种人格特质，其代表人物是 Goleman 和 Bar–on。Goleman 提出的情绪胜任力模型强调运用情绪智力解释个体在工作中取得的成功，因此把除智力和专业技能之外的所有方面都概括到了情绪智力的范畴。Bar–on 把情绪智力看作是个体面对困难和压力时，所展现的情绪能力和人格特质的总和，包括五个大维度（个体内部成分、人际成分、适应性成分、压力管理成分和一般心境成分）和十五个子维度（自我察觉、自信、自我实现、社会责任感、人际关系、压力承受等）。Bar–on 的情绪智力理论源于对幸福感的研究，而幸福感主要依赖于人格特质，Matthews 和 Roberts(2003)[148]将其与大五人格比较，认为 Bar–on 的理论近似于人格理论。

随着情绪智力的能力模型和混合模型的问世，Petrides 和 Furnham（2001）[149]提出了特质情绪智力的概念，认为情绪智力是一种人格特质。人格特质相对稳定，是长久形成的，不易改变，这与能力模型把情绪智力看作一种可以改变和培养的能力相悖。为了与能力模型和混合模型相对，Petrides 和 Furnham 称自己的理论为特质模型。有研究表明，特质模型和能力模型测量的不是同一个概念，用各自的测量工具测出的情绪智力相关系数只有 0.14[150]。

我国也有学者探讨情绪智力理论的构建，较有代表性的是许远理的研究，他秉承Mayer能力模型的思想，吸纳Goleman和Bar–on混合模型中的部分内容，构建了情绪智力三维结构理论[151]。三个维度分别指：对象维度（面向自己、面向他人、面向生态环境），操作维度（感知与体验、表达与评价、调节与控制），内容维度（积极情绪和消极情绪）。

目前，学术界尚未对情绪智力理论形成共识，Ciarrochi 等（2000）[152]认为各流派的研究并非冲突对立，而是相互补充，对于更好的解释情绪智力有重要的价值。本文认为混合模型流派对情绪智力的界定过于宽泛，学者们出于不同的研究动机，嵌入了过多的人格因素，难以区分情绪智力和人格的差异。为了有针对性的研究情绪智力，排除人格因素的干扰，本研究遵循能力模型流派的观点。

## 二、与情绪智力相关的结果变量

情绪智力的概念虽然源于心理学领域，但是目前就研究成果来看，早已超越了心理学领域的范畴，扩展到了管理、教育、组织行为、生活和临床医学等多个方面。情绪智力已成为国内外心理学家、管理学家、行为学家和教育学家研究的热点问题。

王晓钧等人（2013）[153]梳理了从1990年（情绪智力概念被提出）到2012年共22年的与情绪智力相关的文献，指出国际上2004年到2011年是情绪智力研究的繁荣期，平均每2.4天就有一篇关于情绪智力的英文文献问世，可见国际上掀起了情绪智力的研究热潮。中国也毫不逊色，从2000年以后出现了大量关于情绪智力的文章，只是相比国际水平时间相对滞后。国际上情绪智力研究涉足最多的领域是管理领域（20.4%），其次是临床健康领域（15.7%），紧跟其后的是教育发展领域（15.4%），而我国关于情绪智力研究的文献主要集中在教育发展领域（38.1%）和管理领域（21.2%）。由此可以发现，我国重视情绪智力在教育和管理中的应用。

在教育领域，情绪智力的研究主体是各种类型的学生，按年龄或受教育程度划分为儿童、青少年、高中生、大学生和研究生，按专业类别划分为文科生和理科生，还有按身体状况划分为健康学生和残障学生的。情绪智力在教育中的应用旨在发现情绪智力对学生发展的影响，是否能改变学生高分低能的现象，是否能提高学生对环境的适应能力和交际能力，是否能阻止学生不良行为的出现等。目前，我国一项最新的研究表明，大学生的情绪智力水平与其创业能力密切相关。陈权和施国洪（2013）[154]指出大学生的情绪智力水平越高，其创业能力越强。

在管理学和组织行为学领域，情绪智力的研究主体是领导者和员工，并且跨越各行各业，如企业、公务员、医生、护士、律师和教师等行业。作为人类智慧的重要组成部分，情绪智力被认为对个体的事业成就有极其重要的作用。国内外的学者们习惯将情绪智力作为预测变量，探讨个体的情绪智力水平与个体的工作绩效、工作满意度、主观幸福感、人际关系和抗压能力等多种工作结果变量和心理变量的因果关系。为贴近本文的研究，以下主要整理了情绪智力对工作绩效和压力预测力的文献。

情绪智力对工作绩效的预测力。这类文献在国内外的研究中占很大比重，目前已经有充足的研究表明情绪智力对工作绩效有显著的正向影响。Carmeli（2003）[155]验证了高级经理的情绪智力对其任务绩效和情境绩效有预测作用。Lopes等（2006）[156]以某保险公司财务部门的员工为调查对象，证实了高水平的情绪智力与高水平的工作绩效相关。张剑等（2008）[157]以企业员工为被试，验证了情绪智力会对任务绩效、人际绩效、适应绩效和努力绩效产生不同程度的影响。陈小平和肖鸣政（2011）[158]以公务员为样本，也验证了情绪智力对工作绩效有正向影响。另外还有一些研究表明，情绪智力对工作绩效有增值预测效度。Sy 等（2006）[159]以食品服务业的员工为被试，探讨两者的关系，结果表明，在控制了大五人格之后，情绪智力对任务绩效仍有预测作用。Ali 等（2012）[160]以警察为被试，经实证得到结论：在控制了一般心理能力和人格变量后，情绪智力仍能预测工作绩效。单独的实证研究积累到一定阶段后，势必会出现元分析研究，O' Boyle（2011）[161]、张辉华和王辉（2011）[162]的元分析结果均表明情绪智力与工作绩效正相关，个体的情绪智力水平越高，工作绩效也越高。既然情绪智力对工作绩效有如此大的预测作用，那么这个过程是通过什么机制发挥作用的呢？我国有学者探讨情绪智力对工作绩效的中介机制，实证结果表明领导水平[163]、自我效能感[164]和工作压力[165]都能有效的中介两者之间的关系。另外，还有研究表明情绪智力会影响员工情绪劳动策略的选择，高情绪智力的人倾向于选择深层情绪劳动，低情绪智力的人倾向于选择表层情绪劳动[166]，并且情绪智力可以通过激发深层情绪劳动进而促进组织公民行为[167]，组织公民行为是人际关系的润滑剂，也会促进工作绩效的提高。刘咏梅等人（2011）[168]在研究中指出，高情绪智力者倾向采取协调的方式解决工作中的冲突，感知的凝聚力水平更高，而高凝聚力会对个体或团体的工作绩效产生积极影响。张辉华（2012）[169]以中国样本为例，运用元分析技术探讨了个体和团队层面的情绪智力与工作相关结果变量的关系，结果表明：在个体层面上，情绪智力与领导行为有效性、任务绩效、情景绩效、自我效能、工作满意度、组织承诺和创新行为正相关，与工作压力和工作倦怠负相关；在团队层面上，团队整体的情绪智力与团队绩效高度正相关。

情绪智力对压力的预测力。Pau 和 Croucher（2003）[170]以大学生为样本，检验情绪智力和感知压力的关系，发现情绪智力与感知压力负相关，情绪智力水平越低，感知的压力越高。Laborde 等人（2011）[171]以运动员为研究对象，因为情绪对运动绩效有决定性的影响，所以此研究探讨运动员情绪智力的高低是否会减轻比赛中的压力，结果发现，情绪智力可以调节由压力引起的某些身体反应，如心跳加快，高情绪智力者比低情绪智力者体验到的压力增速慢。巩文冰和张进辅（2012）[172]运用元分析技术，对收集到的 38 篇关于个体知觉压力与情绪智力关系的文章进行了定量分析，结果显示，个体知觉压力与情绪智力呈中等程度的负相关关系，说明情绪智力对压力的负向影响起缓冲作用。

## 三、教师的情绪智力及其相关研究

教师的职业性质决定了研究教师的情绪智力十分必要。首先，教师教学的对象是学生，教师要控制自己的消极情绪，以积极的情绪感染学生，密切关注学生的课堂反应，活跃课堂气氛，为学生营造良好的课堂学习环境；其次，科研过程中教师需要全神贯注、抵抗压力、利用积极情绪促进思维，以提高科研成果的质量；最后，教师需要处理日常工作中的人际关系，克服组织中的各种冲突，也需要具备一定水平的情绪智力。

以教师作为焦点的情绪智力相关研究多集中在两个方面：一是教师的情绪智力对学生的影响，具体而言，指教师情绪智力的高低对教学效果的影响，或对学生学习成绩和未来发展的影响；二是教师的情绪智力对自身心理健康、工作倦怠、工作满意度、工作绩效的影响。Chan（2006）[173]、姚计海和管海娟（2013）[174]均验证了教师的情绪智力与工作倦怠的关系，表明情绪智力对工作倦怠有显著的负向预测作用。情绪智力对工作绩效的正向预测作用对教师同样适用[175]，并且还有研究发现，情绪智力可通过影响教师在工作中产生的积极和消极情感促进工作满意度的提高[176]。

## 四、情绪智力的调节作用

情绪智力的概念源于心理学，在心理学领域，情绪智力多与人格、身心健康、人际关系和主观幸福感相联系。从 2000 年起，管理学和组织行为学领域掀起了情绪智力的研究热潮，组织行为学领域的国际顶级期刊《Journal of Organizational Behavior》刊登了大量有关管理者或员工情绪的文章，研究的焦点是情绪智力对工作绩效、工作满意度和组织公民行为的预测作用。关于情绪智力与工作绩效关系的研究，已涉及不同工作领域，如公务员、销售人员、普通职员、科研人员等，和不同工作层级，如普通员工、管理者。大量实证结果表明情绪智力对工作绩效有正向影响，还有一些结果显示，在控制了人口统计学变量、人格变量和一般心理能力之后，情绪智力对工作绩效有增值预测效度。

除了探讨情绪智力的直接预测效度以外，也有不少学者发现，情绪智力适合充当调节变量，个体的情绪智力水平会影响他对周围环境的感知，进而影响他对环境威胁的判断和评价，导致差异性的个体行为。因此，情绪智力可作为调节外界环境刺激和自身行为表现之间关系的个体差异变量[177]。Antonakis 等人（2009）[178]在研究中指出，在压力情景下才能体现出高情绪智力的优势。King 和 Gardner（2006）[179]、Chang 等人（2010）[180]的研究表明：在面对压力时，高情绪智力的个体能敏锐的洞察周围事物，分析事态发展，更好地控制情绪波动，保持良好的心态，采取适当的行为应对压力；相反，低情绪智力的个体对周围事物的感知力差，可能无法对环境做出正确的判断，因此容易产生紧张感，不能沉着冷静地分析问题，不利于在压力中展现正常的工作水平。Wu（2011）[181]调查了台湾财务部门员工工作压力与工作绩效的关系，发现高情绪智力的员工能抵消一部分由压力引起的不良影响，有助于工作水平的正常发挥，减少工作压力对工作绩效的消极影响。Lindebaum（2012）[182]探讨了情绪智力对心理健康和工作绩效之间关系的调节作用，用任务绩效、人际促进和工作奉献来衡量工作绩效，结果表明，情绪智力的积极作用主要体现在工作奉献这个维度上，对心理健康与任务绩效和人际促进的调节作用不显著。即高情绪智力的个体更能应对不健康心理对工作奉献的不良影响，而在任务绩效和人际促进上，情绪智力的高低作用不大。来自南非的一项对护士的研究表明，情绪智力与压力感知和工作倦怠负相关，即使在高度紧张的环境下，高情绪智力的护士也不会表现出很高的压力感，并且高情绪智力的护士不易产生工作倦怠。同时研究发现，情绪智力对工作压力与工作倦怠的关系起负向调节作用，提高护士的情绪智力水平有助于消除由于长期压力所致的倦怠情绪[183]。

最近也有学者就教师的情绪智力展开研究，Chan（2006）以香港中学教师为研究对象，分别开发了针对中学教师的情绪智力量表和工作倦怠量表，情绪智力量表包括情绪评价、积极调节情绪、移情敏锐性和积极利用情绪共四个维度，工作倦怠量表包括情绪耗竭、去个性化和低成就感共三个维度，探讨了维度层面上情绪智力与工作倦怠的关系。结果表明：积极调节情绪负向影响情绪耗竭；积极利用情绪正向影响个人成就感。因此，可以通过提高教师的情绪智力达到抵抗工作倦怠的目的。Kafetsios 和 Zampetakis（2008）以中小学教师为样本，调查了情绪智力与工作满意度的关系，以及积极情感与消极情感的中介作用。研究发现，情绪智力不仅能促进积极情感的发生，而且能抑制消极情感的产生，以至于对工作满意度有正向的影响。

综上，情绪智力能够影响个体对环境的感知与评价，并且对工作绩效有正向的预测效果，因此适合作为工作压力源与工作绩效之间的调节变量。具体到本文的研究情境，情绪智力高的教师往往把挑战性科研压力源看作是促使自己持续学习、不断创新的动力，而不仅仅是一项工作要求或艰巨的任务，把科研绩效看做自身价值和能力的体现，而非遥不可及的目标。另外，有研究显示情绪智力与创造力正相关[184, 185]，科研工作需要的正是源源不断的创新，所以说高情绪智力的教师在挑战性科研压力源面前会表现出更高的科研绩效水平；而情绪智力低的教师通常会强化挑战性科研压力源带来的焦虑情绪，加之他们缺乏调节和控制情绪的能力、不善于对自己做出正向的引导，因此容易丧失工作信心，严重的可能产生学术不端行为。基于上述分析，提出以下假设：

H15：情绪智力正向调节挑战性科研压力源与科研绩效的关系。即教师的情绪智力水平越高，挑战性科研压力源对科研绩效的正向影响越强。

阻碍性科研压力源多为教师无力解决的压力源，面对这样的科研压力源，高情绪智力的教师更能妥善的应对，保持良好的情绪和心境，尽量不受压力源的干扰，维持最佳科研水平。而低情绪智力的教师由于调节情绪的能力比较差，遇到不公平、不合理待遇时，容易表现出暴躁的一面，并且在短时间内难以平复愤怒的心情，在困难面前难以做出正向的心理暗示，因此会加剧阻碍性科研压力源对科研绩效的消极影响，展现出更糟的科研水平。故提出以下假设：

H16：情绪智力正向调节阻碍性科研压力源与科研绩效的关系。即教师的情绪智力水平越高，阻碍性科研压力源对科研绩效的负向影响越弱。

## 3.3.3 学术氛围

### 一、组织氛围的概念及相关研究

Lewin 最早提出组织氛围（Organizational Climate）的概念，指出欲了解员工的行为，需先考虑行为发生的场所。组织氛围是员工对环境的评价和感知，对员工的动机和行为有重要的预测作用，并且能直接或间接地影响员工的绩效[186]。

学者们对组织氛围的定义分为两大派别：一是基于心理氛围的思想，强调个体的主观知觉性，认为组织氛围是个体对所在组织的感知和评价；二是把组织氛围看做情景变量，认为组织氛围是组织本身固有的特征，是组织中的个体与环境经过日积月累的交互作用形成的。究竟哪种定义更合理，现在尚未形成有力的定论。本文将组织氛围看做一组环境变量，可以影响组织中个体的行为，所以倾向于第二种定义。

组织氛围是一个心理学范畴的概念，若想使一个抽象的心理学概念变得有意义，就要研究如何测量它、评价它，否则泛泛的谈组织氛围缺乏学术价值。陈维政和李金平（2005）[187]梳理了国内外关于组织氛围维度的研究，归纳了十二种维度，如领导与支持、人际关系与沟通、组织的物质资源与社会情绪支持、激励与报酬等。组织氛围的维度呈现了多、乱的态势，这可能一方面源于对组织氛围定义的不同理解，另一方面源于对组织氛围的研究不够细化。

组织氛围是针对工作情景而言的，不同情境下的组织氛围类型存在差异性，所以宽泛的谈组织氛围不能很好的对其进行研究。目前，有很多学者有针对性的研究组织氛围，如创新氛围、共享氛围、安全氛围，以及不同行业的组织氛围，如学校的组织氛围、高新技术企业的组织氛围、政府机关的组织氛围和医院的组织氛围等，并且学者们为各自的研究焦点制定了相应的测量量表。

现有研究中，学者们除了探讨组织氛围的维度和测量以外，还会研究组织氛围的前因变量和结果变量，即什么影响组织氛围的形成，组织氛围又会影响哪些个体层面或组织层面的行为变量。例如很多研究得出，领导行为直接影响组织氛围，组织氛围又会影响员工的参与度[188]和敬业度。另外，还有研究把组织氛围作为中介变量或调节变量来研究自变量作用于因变量的机制。

## 二、学术氛围的概念及其影响

本研究基于高校环境，所以提出“学术氛围”（Academic Climate）的概念，使之清晰地与研究问题建立联系。学术氛围是高校通过各类学术活动的积淀所形成的本质的、深层的文化底蕴，是一所高校区别于另一所高校的内在特质，它以一种潜移默化的方式影响着学校内部成员的工作动机、学术道德和科研态度[189]。

学术氛围与学术风气息息相关，现阶段，很多高校弥漫着急功近利的学术风气，教师一味追求短期效应，不能全身心的投入工作，缺少真正有意义的学术成果。学术氛围直接影响高校教师的科研产出质量。设想一下，如果在学术氛围浓厚的环境下工作，教师会受到周围人的感染，环境的带动作用不可小觑，因此他们会融入到这个氛围中，科研热情高涨。另外，良好的学术氛围意味着交叉学科的碰撞、学术观点的交流和讨论形式的多样化，在这种情境下，容易发掘新问题、产生创新灵感、突破思维定势，在某种程度上促进了教师发展，也推动了高校的科研事业。久而久之，有助于形成独具特色的大学文化，便于引领教师开展学术研究。良好学术氛围的受益者不只是教师，还有学生，尤其是硕士研究生和博士研究生，他们也需要从事科研工作，学术氛围也会对他们的科研成果产生影响，并且会对他们的科研忠诚和科研精神起到潜移默化的作用。

### 三、学术氛围的调节作用

组织氛围一直被认为是影响员工行为的最重要的环境差异变量，良好的组织氛围能潜移默化地提高员工对组织的认同，使员工对组织产生情感承诺，进而产生一种归属感，有益于提高员工的敬业度和职业忠诚度。根据社会交换理论，如果组织努力营造舒适的组织环境，使员工感知到组织的关心和支持，那么员工会以积极的行动回报组织，主动参与组织的活动、执行组织的任务，使个人充分融入到组织中，获得集体最大的需求和满足，实现双赢的理想情况。

关于学术氛围与科研压力的研究，Ahghar（2008）[190]以中学教师为例，检验了学校的氛围与教师职业压力的关系，结果表明学校氛围能显著影响教师感知的职业压力感。另有研究指出，随着组织氛围水平的提高，压力导致的消极影响会被削弱[191]。徐珠君和郑醒尘（2012）的研究指出，通过增加高校外部环境的支持，可以提高教师的承压能力。如加强科研团队的建设、提供更多从事科研活动的途径、出台利于教师科研的政策、为教师获得科研经费提供便利条件等，这些科研上的支持能使教师更容易获得前沿的学术信息、更容易组建合适的科研小组、更容易与外界建立良好的学术合作关系，因而能大大减少科研上的压力和无助感。

关于学术氛围与科研绩效方面，梁爽（2008）[192]探索了高校的组织氛围，发现高校的组织氛围包括六个维度，分别为学术交流、支持、管理效率、激励、工作压力和工作自主。除了工作压力对科研绩效有负向影响以外，其他五个维度对科研绩效均有显著的正向影响，其中，学术交流对教师科研绩效的正向预测作用最明显。国外学者 Paul（1994）[193]在研究临床药学教师所处工作环境与学术绩效的关系时发现，教师所在系的环境支持（学术自由、专业会议支持、顾问指导等）和所在学院的环境支持（物质支持、研究场所支持、研究协作支持、财政拨款等）对教师的学术绩效有不同程度的正向影响。谷志远（2011）[194]以高校青年教师为研究对象，以教师的个体特征和所在机构的特征为自变量，探索了其与教师学术产出的关系，研究表明，所在机构对学术研究的支持对青年教师的学术产出有显著的正向影响。

良好的学术氛围意味着组织中的大部分教师能积极主动地参与学术交流活动，组建学术会议和学术讨论，拥有浓厚的科研热情和崇高的学术精神。身处具有良好学术氛围的大学环境，由于教师能获得最大限度的支持和帮助，即使面对高强度的挑战性科研压力源，他们也能树立学术研究的信心，耳濡目染，能有效提高自己的科研能力、掌握正确的科学研究方法、领略学术前沿问题，进而缓解压力源的负面影响，提高科研成果的产出水平。因此提出以下假设：

H17：学术氛围正向调节挑战性科研压力源与科研绩效的关系。即高校的学术氛围越浓厚，挑战性科研压力源对科研绩效的正向影响越强。

同理，良好的学术氛围也能帮助教师抵抗阻碍性科研压力源的干扰，为教师的科研工作提供最便利、和谐的环境。况且，浓郁学术氛围本身所具有的阻碍性科研压力源较少，因此能削弱阻碍性科研压力源对科研绩效的不良影响，鉴于此，提出以下假设：

H18：学术氛围正向调节阻碍性科研压力源与科研绩效的关系。即高校的学术氛围越浓厚，阻碍性科研压力源对科研绩效的负向影响越弱。

## 3.4 研究模型与研究假设

实证研究中的研究假设包括两种类型：一是验证性假设；二是开拓性假设。

验证性假设是指前期已经有学者做了大量的实证研究，表明两个变量之间具有相关性，但是由于不同的样本、不同的文化背景可能导致结论发生变化，因此需要进一步验证结论的稳定性。在本研究中，虽然研究的焦点是教师的科研工作，但是关于挑战性与阻碍性压力源对工作绩效存在差异性影响的研究结论已经被反复验证，所以假设 H1 和 H2 属于验证性假设。另外，在分析科研压力源对科研绩效的中介机制时，提及成就动机和科研焦虑对科研绩效的影响，已有大量研究支持成就动机促进工作绩效和焦虑情绪阻碍工作绩效的结论，所以假设 H5 和 H10 也属于验证性假设。同时，有很多研究表明挑战性与阻碍性压力源能引起心理的不良反应，对于焦虑情绪有相似的影响效果，所以本文假设两种类型的科研压力源对科研焦虑的正向影响 H8 和 H9 也属于验证性假设。

开拓性假设是指到目前为止，尚无学者进行研究，或者已经具备良好的理论基础，但是没有通过实证检验得以证实。在中介机制的研究中，关于挑战性与阻碍性科研压力源对成就动机的差异性影响和成就动机的中介作用假设尚未在相关研究中得到检验，因此假设 H3、H4、H6 和 H7 属于开拓性假设。同时科研焦虑的中介作用也需要在实验中得到验证，假设 H11 和 H12 属于开拓性假设。关于调节机制的研究，三个调节变量科研自我效能、情绪智力和学术氛围，虽然以往研究表明它们具备一定的调节变量选取特征，与压力情景下的绩效水平息息相关，但是尚无具体的实证研究对它们在科研情景下的验证，因此假设 H13–H18 均属于开拓性假设。

本研究所有的研究假设汇总见表 3–1。

**表 3–1 研究假设汇总**

| 假设编号 | 假设内容 | 假设类型 |
|---|---|---|
| H1 | 挑战性科研压力源对科研绩效有正向影响。 | 验证性 |
| H2 | 阻碍性科研压力源对科研绩效有负向影响。 | 验证性 |
| H3 | 挑战性科研压力源对成就动机有正向影响。 | 开拓性 |
| H4 | 阻碍性科研压力源对成就动机有负向影响。 | 开拓性 |
| H5 | 成就动机对科研绩效有正向影响。 | 验证性 |
| H6 | 挑战性科研压力源通过成就动机的中介作用对科研绩效有正向影响。 | 开拓性 |
| H7 | 阻碍性科研压力源通过成就动机的中介作用对科研绩效有负向影响。 | 开拓性 |
| H8 | 挑战性科研压力源对科研焦虑有正向影响。 | 验证性 |
| H9 | 阻碍性科研压力源对科研焦虑有正向影响。 | 验证性 |
| H10 | 科研焦虑对科研绩效有负向影响。 | 验证性 |
| H11 | 挑战性科研压力源通过科研焦虑的中介作用对科研绩效有负向影响。 | 开拓性 |
| H12 | 阻碍性科研压力源通过科研焦虑的中介作用对科研绩效有负向影响。 | 开拓性 |
| H13 | 科研自我效能正向调节挑战性科研压力源与科研绩效的关系。 | 开拓性 |
| H14 | 科研自我效能正向调节阻碍性科研压力源与科研绩效的关系。 | 开拓性 |
| H15 | 情绪智力正向调节挑战性科研压力源与科研绩效的关系。 | 开拓性 |
| H16 | 情绪智力正向调节阻碍性科研压力源与科研绩效的关系。 | 开拓性 |
| H17 | 学术氛围正向调节挑战性科研压力源与科研绩效的关系。 | 开拓性 |
| H18 | 学术氛围正向调节阻碍性科研压力源与科研绩效的关系。 | 开拓性 |

通过上述问题的阐述，本研究致力于探究挑战性与阻碍性科研压力源对科研绩效的直接影响、中介机制和调节机制，构建的研究模型如图 3–3 所示。

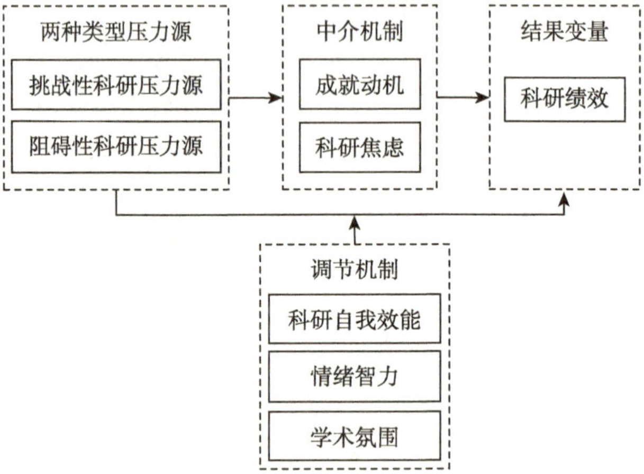


**图 3–3　研究模型**

## 3.5 本章小结

本章在文献综述的基础上提出了 18 个研究假设，构造了研究模型，为后续的实证研究奠定了理论基础。首先，在压力二维结构理论的基础上提出高校教师的挑战性与阻碍性科研压力源对科研绩效的直接影响假设。其次，立足于动机和情绪的视角，分别以成就动机和科研焦虑作为中介变量，分析了挑战性与阻碍性科研压力源对科研绩效的作用机理，提出了相应的研究假设。再次，由于压力源与绩效之间可能并非简单的线性关系，不同的教师个体、不同的学校环境可能影响着两者的关系，所以本文选取教师的个体差异变量科研自我效能和情绪智力，以及高校的环境差异变量学术氛围，作为调节变量，构建了两种类型的科研压力源对科研绩效的调节机制，提出了相应的研究假设。最后，对所提出的假设进行汇总和分类，指出哪些属于验证性假设，哪些属于开拓性假设。

# 第四章　基于扎根理论法构建研究模型

本章主要是基于质性研究方法扎根理论构建研究模型。通过理论抽样选取调查对象进行深度访谈，依据三级编码方法提炼文本数据的核心范畴和联结范畴之间关系的故事线，进而构建理论模型，与基于文献演绎法构建的理论模型进行对比，以最终确定模型中涉及的变量和变量之间的关系，为后续的实证研究提供基础。

## 4.1 研究设计

### 4.1.1 研究方法

扎根理论是继民族志之后的最具影响力的质性研究方法，它最初出现在社会学家格拉泽和施特劳斯合著的《扎根理论的发现：质化研究策略》一书中。两位学者带领他们的研究团队对不同医院里重患的死亡过程进行观察，通过实际调研探究那些生命濒临尽头的病人是在何时以及如何知道他们身体状况的，并且他们是如何面对死亡的，从而构建了死亡过程的时间序列理论。他们在书中提倡基于实践数据发现理论的研究方法。扎根理论强调“理论根植于实践”，直接从经验资料中提炼概念，归纳范畴，构建范畴之间的联系，最终形成新理论。因此，扎根理论是一种自下而上的研究路径，有利于得到更具本土特色的发现，被认为是社会科学研究中必要且适宜的分析工具，而且扎根理论有系统的研究步骤和编码思路，初学者更容易上手，因此得到学者们的广泛应用。目前扎根理论已被广泛应用到管理学、心理学、社会学和教育学领域。

### 4.1.2 被试选择

在被试选择方面，按照理论抽样的原则，主要面向 985、211 学校的骨干教师，因为这类高校的教师肩负着振兴我国科研事业的重任，更可能感知到较高的科研压力，并且拥有丰富的科研成果，有利于模型构建。考虑到性别、年龄、职称、学科等人口统计学变量可能会对科研绩效产生影响，在挑选被试时，男女教师比例基本持平，年龄控制在 30–45 岁，以充当科研主力军的中青年教师为主要调查对象，职称集中在科研压力较大的讲师和副教授，人文社会科学领域的被试略多于自然科学领域。最终从 6 所院校选择了 30 名被试，通过对这些被试进行深度访谈收集数据。

### 4.1.3 数据收集

本研究主要采用深度访谈的方法收集数据，提前准备半结构化访谈提纲和录音笔，在征得被试同意的情况下，对若干被试的访谈内容进行了录音，以方便后续的数据整理工作。访谈提纲如下：

（1）您感觉现阶段科研压力大吗？请用几个词描绘您的科研感知。

（2）贵校的科研考核体制是怎样的？对您而言哪些有利哪些有碍？

（3）哪些因素使您产生了科研压力感？列举 2–3 个实例。

（4）哪些因素是好压力，能使您产生科研动力？

（5）哪些因素是坏压力，会阻碍您的科研道路？

（6）您具备哪些独特的品质，使您能克服压力，取得较好的科研成果？列举 2–3 个实例。

（7）学校为您提供了哪些便利条件，有助于您克服压力，取得较好的科研成果？列举 2–3 个实例。

（8）您在科研压力下会产生哪些心理上的不适？对您的科研工作产生了怎样的影响？

（9）您在科研压力下会产生怎样的心理变化，促使您坚持不懈的努力？

（10）您认为高压和低压相比，哪个更有利于您取得科研成果？为什么？

（11）您认为贵校的科研环境如何？对您的发展有何影响？

数据收集历时 3 个月，访谈时间每人 40–60 分钟。为进一步提高质性数据的信效度，根据三角验证方法，本研究收集了大量的二手资料，如被试的科研成果情况、被试所在学校的科研考核方法等，用二手资料对一手资料进行验证推敲，确保一手数据的有效性。

## 4.2 数据分析

在30个被试中随机抽取20个进行扎根理论数据编码，余下的10个用于检验理论饱和度。依据扎根理论的三级编码过程，本文首先通过开放式编码对原始资料进行挑选、检视、归纳类属、概念化、范畴化；然后运用典范模型建立范畴之间的联系进行主轴式编码，获得主范畴；最后通过选择性编码发现核心范畴，形成故事线，揭示科研压力源对科研绩效的影响机理。

### 4.2.1 开放式编码

开放式编码充分体现了头脑风暴的过程，需要对收集到的文本数据进行逐字逐句的编码，编码可以用文本中有代表性的词语，也可以重新归纳新的、更适宜词语，这些词语称之为标签。开放式编码的第一步就是给原始资料贴标签，用“a+序号”的形式编码，贴标签即对原始资料进行初步整理。开放式编码的第二步是形成概念，通过比较不同资料和同一资料中标签之间的异同，将属于同一现象、描述相近的标签归为一个概念，用“A+序号”的形式编码。开放式编码的第三步是从概念中提炼范畴，将可能存在交叉关系或隶属关系的概念重新分类，对概念做进一步的筛选与合并，提炼出能覆盖若干概念的新的类属，即范畴，用“AA+序号”的形式编码。

综上，开放式编码流程为“原始资料→贴标签→概念化→范畴化”，由于数据处理过程比较繁琐，故借助Nvivo 8对深度访谈得到的原始资料进行开放式编码。Nvivo中的自由节点即标签，通过数据分析共得到了162个自由节点；Nvivo中的二级树节点即概念，共形成了47个概念；Nvivo中的一级树节点即范畴，最终提炼了16个范畴。

开放式编码过程的示例如表 4–1 所示，摘自一位被试的访谈记录。通过对这段访谈记录逐字逐句的阅读，可得到 20 个标签，在对标签重新归类的基础上，可归入 13 个概念，这 13 个概念又从属于 8 个范畴，具体的对应关系已在表中列出。

**表 4–1 开放性编码示例**

| 原始资料 | 标签 | 概念 | 范畴 |
|---|---|---|---|
| 现在科研压力非常大，尤其是对我们青年教师，不进则退，三年一考核，达不到考核要求会很麻烦，谁都不想被甩在后面。学校评职称的要求更是高得吓人，评副高 SCI 都要几篇，项目要主持国家级的，省部级的项目都不算了，并且名额还少，几个人抢一个名额，大家都削尖了脑袋搞科研。有资源的找资源，没资源的创造资源，自己闭门造车是不现实的。虽然学校也提供平台，但远远不够，毕竟僧多粥少。都知道科研是个辛苦活，写一篇像样的文章很难，写一篇应用价值高的就更难了，所以还得不断学习，积累知识是最重要的。要说科研过程中会产生哪些心理变化，首先肯定是压力感，连睡觉脑袋里想的都是科研，忐忑、不安这些情绪都有，很复杂，也不好描述。有时我也会抱怨，抱怨学校制定那么高的要求、不给教授施压给青年教师施压，抱怨期刊审稿周期太长、不考虑投稿人的心情。但是没办法，这些我都改变不了，就只能接受。我相信只要我努力、坚持不懈，就一定有回报，比起平平淡淡过一生，我更喜欢成功后的喜悦。所以在遇到困难的时候，我就想办法解决，不退缩，在郁闷的时候，我就干点自己喜欢的事，或者跟别人聊聊，让自己放松，调节情绪很重要。 | a1 压力大<br>a2 三年一考核<br>a3 评职称吓人<br>a4 SCI 国家级项目<br>a5 名额少<br>a6 找资源<br>a7 学校平台不够<br>a8 辛苦活<br>a9 写好文章难<br>a10 积累知识重要<br>a11 压力感<br>a12 睡觉都想<br>a13 忐忑不安<br>a14 抱怨学校<br>a15 抱怨期刊<br>a16 努力会有回报<br>a17 喜欢成功<br>a18 解决困难<br>a19 放松自己<br>a20 调节情绪 | A1 考核周期短（a2）<br>A2 评职称难（a3 a4 a5）<br>A3 资源少（a6）<br>A4 平台窄（a7）<br>A5 科研辛苦（a8 a9）<br>A6 知识需求（a10）<br>A7 压力感（a1 a11 a12）<br>A8 忐忑不安（a13）<br>A9 抱怨（a14 a15）<br>A10 自信（a16）<br>A11 喜欢成功（a17）<br>A12 主动克服（a18）<br>A13 调节情绪（a19 a20） | AA1 时间紧（A1）<br>AA2 要求高（A2）<br>AA3 资源有限（A3 A4）<br>AA4 科研难（A5 A6）<br>AA5 负面情绪（A7A8 A9）<br>AA6 科研自我效能（A10）<br>AA7 成就动机（A11 A12）<br>AA8 情绪控制（A13） |

开放式编码中范畴与概念的对应关系见表 4–2，同时给每个概念列举了原始资料语句。

**表 4–2 开放式编码“范畴—概念”对应表**

| 范畴 | 概念 | 原始资料举例 |
|---|---|---|
| 要求高 | 评职称难 | 学校评职称的要求更是高得吓人，评副高 SCI 都要几篇，项目要主持国家级的，省部级的项目都不算了。 |
| | 考核标准高 | 考核要求达到的分数提高了，对论文、项目、获奖、专著等都制定了严格的规定，级别越高获得的考核分数越高。 |
| | 科研任务重 | 我身上的科研任务很重，要写论文、写书、写咨询报告、申请项目、做项目、准备学科评估等等，每天都很忙，闲不住。 |

续表

| 范畴 | 概念 | 原始资料举例 |
| --- | --- | --- |
| 时间紧 | 考核周期短 | 我们学校每三年考核一次，对于我们这个领域，从买设备到得出实验结果有时都要 1-2 年，再写论文、发表论文，三年真是太短了。 |
| | 成果时效性 | 研究这个领域的人很多，可投的期刊就那么几个，成果都有时效性，有想法就得赶快写出来，一旦被别人抢先发表就糟糕了。 |
| | 任务紧凑 | 我们团队给每个人都分配了科研任务量，如果不计划好时间，肯定完成不了，每天都要想好该干什么。 |
| 科研难 | 科研辛苦 | 科研工作非常辛苦，远不是外表看到的那么光鲜亮丽。 |
| | 知识需求 | 知识永远不够，要不停的学习，现在提倡跨学科，知识积累非常关键。 |
| | 创新困难 | 挖掘有趣的课题真的很难，很多有意思的问题别人都做过了。 |
| 资源有限 | 资源少 | 优秀的学术带头人太重要了，我们学科就缺这个，凡是科研发展好的学科，都是学术带头人厉害。 |
| | 平台窄 | 学校发展太局限，给我们提供的平台太少了，连出去参会都要层层申请。 |
| 科研不公 | 评选不公 | 我们这论资排辈的现象很严重，尤其是评职称，新来的再优秀也比不上资历老的。 |
| | 考核不公 | 对青年博士的考核重，每三年签一个博士协议，规定要完成的科研量，评职称卡的特别严，而对那些副教授考核特别松，我们学院有好几个副教授都不科研，混退休，太不公平了。 |
| | 审稿不公 | 审稿周期太长，半年都算是短的，有的终审都要1年，完全不考虑投稿人的心情。 |
| 发展困惑 | 方向不明 | 我不清楚应该往什么方向发展，哪个方向有前途，也没人指点，就是摸着石头过河，碰壁了再改方向。 |
| | 合作者难寻 | 发表SCI论文有时候有个外国合作者比较好，但是我一直找不到跟自己方向合适的。 |
| 科研行为 | 参加学术活动 | 我有时间有经费就会去参加学术会议。 |
| | 申请科研项目 | 我总是积极地申请项目，我始终记得同事跟我说的一句话，多申请才能多中，不申请永远都中不了。 |
| | 撰写学术论文 | 写论文是必须的，写少了还不行，因为不能一稿多投，所以要多写，才能增加录用的几率。 |
| 科研成果 | 获得科研奖项 | 我的专著获得了省部级二等奖。 |
| | 获得科研立项 | 我获得过国家自然科学基金。 |
| | 拥有学术论文 | 我发表了 4 篇 SCI、2 篇 EI 期刊。 |
| 科研态度 | 科研精神 | 科研培养了我的毅力，取得任何成果都要坚持不懈，毅力是我一生的财富。 |
| | 学术严谨 | 我还是比较严谨的，在学术上不能有半点马虎，论文都在网上共享，别人想看随时能看，每个人都是审稿人。 |
| 成就动机 | 喜欢成功 | 我喜欢成功后的喜悦，特别是完成一项对自己而言很难的任务，这种喜悦感就更强。 |
| | 主动克服 | 我会主动解决困难，克服障碍。 |
| | 迎难而上 | 我能坚持不懈地完成有挑战性的课题。 |

续表

| 范畴 | 概念 | 原始资料举例 |
| --- | --- | --- |
| 负面情绪 | 压力感 | 我感觉压力很大，那么多事要做，时间又那么紧，总得争分夺秒。 |
| | 抱怨 | 我也会抱怨学校制定的要求太高、不给教授施压给青年施压。 |
| | 忐忑不安 | 我总是担心能否完成项目中的预期成果，为此经常忐忑不安。 |
| | 着急 | 没有研究思路的时候最着急。 |
| | 挫败感 | 要是几次投稿都不中，我就有很强烈的挫败感。 |
| 科研自我效能 | 自信 | 我对自己还是比较自信的，只要我努力就能有所收获。 |
| | 拥有科研能力 | 有这么多年的积累，我觉得自己还是有能力实现目标的，即使目标看起来离我很遥远。 |
| 情绪控制 | 调节情绪 | 在郁闷的时候，我就干点自己喜欢的事，或者跟别人聊聊，让自己放松。 |
| | 控制脾气 | 即使在愤怒和抱怨的时候，我也能在短时间内恢复常态。 |
| 情绪利用 | 利用好情绪 | 在我心情好的时候，我就多干一点，好的心情有时能得到好的结果。 |
| | 自我鼓励 | 我总是鼓励自己要保持良好的情绪，遇到什么困难都要想办法解决，不能退缩。 |
| 学术资源 | 学术活动 | 学校会主动发布一些会议的信息，鼓励教师参会，有时也会报销参会费。 |
| | 沟通渠道 | 兄弟院校沟通起来比较方便，相近研究领域的同行之间经常通过微信群联系，发布最新的学术成果。 |
| | 学术创新 | 学校一直要求推陈出新，无论是社科处、学院还是团队，都会邀请专家进行学术讲座，从微观或宏观上讲如何创新。 |
| 学术风气 | 学术道德 | 后评估体制一落实，学校就更注重学术道德了，在这方面对教师的要求很严格，一稿多投、重复成果等都严谨。 |
| | 合作意识 | 现在早就不是单枪匹马搞科研的时代了，对于来校访学的国外学者，学校积极鼓励我们与其合作，对发英文论文有帮助。 |
| | 团队精神 | 团队发展得好，与外界交流时也有资本，所以院里培养我们要有团队意识，不能只看个人利益。 |

### 4.2.2 主轴式编码

主轴性编码旨在建立范畴之间的联系，为了弄清什么是主轴，即主范畴，需要对先前得到的概念和范畴进行更深入地分析，厘清范畴的内涵与类属，围绕某个主轴寻找与其相关的范畴，进而形成主范畴。在探讨范畴之间的联系时，不能仅看范畴本身，要结合原始资料，把范畴还原到访谈环境中，识别被访谈者的真实意图，并与深层的心理动态和当前的科研情境相联系，如此循环反复，直到发现能概括概念和范畴的主范畴。

分析发现：要求高、时间紧和科研难描述的是科研的高标准和科研本身的困难性，能发挥“有压力才有动力”的效果，因此是一种好压力源，故命名为挑战性科研压力源；资源有限、科研不公和发展困惑是科研中的不良现象或制约科研道路的因素，是十足的坏压力源，故命名为阻碍性科研压力源；科研行为、科研成果和科研态度共同描述了教师在高压下的科研表现，有行为方面、成果方面和态度方面，故称为科研绩效；情绪控制和情绪利用是教师个体调节情绪的能力，因此归为一个主范畴情绪调节；学术资源和学术风气均指学校创造的学术环境，会对教师个体产生潜移默化的影响，故称为学术氛围；成就动机、负面情绪和科研自我效能就是最初形成的范畴，没有与其他范畴合并。主范畴与范畴的对应关系及范畴的内涵见表 4–3。研究最终得到了 8 个主范畴：挑战性科研压力源、阻碍性科研压力源、科研绩效、成就动机、负面情绪、科研自我效能、情绪调节和学术氛围。

**表 4–3　主范畴与范畴的对应关系及范畴的内涵**

| 主范畴 | 范畴 | 范畴的内涵 |
|---|---|---|
| 挑战性科研压力源 | 要求高 | 在评职称、科研考核、科研任务等方面要求高。 |
| | 时间紧 | 考核时间紧、任务安排紧凑和成果时效性需求等方面。 |
| | 科研难 | 科研本身很难，需要较高的科研能力和知识储备。 |
| 阻碍性科研压力源 | 资源有限 | 学校提供的学术平台和各方面学术资源无法满足教师需求。 |
| | 科研不公 | 科研中的不公平现象，涉及评职称、考核、投稿等多方面。 |
| | 发展困惑 | 没有明确的发展方向，不清楚如何开展科研工作。 |
| 科研绩效 | 科研行为 | 为完成科研任务产生的一系列行为。 |
| | 科研成果 | 经过努力获得的科研成果，包括论文、专著、项目、专利和奖项。 |
| | 科研态度 | 在科研过程中形成的科研品质，严谨性。 |
| 成就动机 | 成就动机 | 一种内在动力，为获得成功而不断努力。 |
| 负面情绪 | 负面情绪 | 科研过程中产生的不安、急躁、挫败感、抱怨等不良情绪。 |
| 科研自我效能 | 科研自我效能 | 对科研有自信，相信自己能战胜科研困难。 |
| 情绪调节 | 情绪控制 | 控制自己情绪的能力。 |
| | 情绪利用 | 利用积极的情绪自我激励、自我鼓舞。 |
| 学术氛围 | 学术资源 | 学校提供的学术交流机会、学术平台等。 |
| | 学术风气 | 学校多年形成的整体的学术态度、学术意识等。 |

### 4.2.3 选择式编码

选择性编码即从主范畴中发展出能概括其他范畴的核心范畴，并以“故事线”的形式把主范畴之间的关系描述出来，进而得到一个有逻辑性的理论框架。根据 Strauss 提出的编码典范模型，将 16 个范畴按“前因条件→情境→中介条件→行动 / 互动策略→结果”的逻辑顺序进行整理，并根据相似关系、并列关系、情境关系、时间先后顺序、因果关系等进行试探，发现核心范畴。

经过进一步分析发现：挑战性科研压力源和阻碍性科研压力源属于压力源；科研绩效是结果变量；成就动机和负面情绪是在压力源下教师表现出的心理和情绪反应；科研自我效能和情绪调节是教师自身的特质、能力；学术氛围是学校提供的外在环境。这 8 个主范畴共同阐释了“科研压力源对科研绩效的影响机理”，故以此作为核心范畴，形成的故事线为：挑战性科研压力源和阻碍性科研压力源对科研绩效的影响过程中，会产生成就动机和负面情绪，成就动机对科研绩效有益而负面情绪对科研绩效有碍；挑战性科研压力源能促进成就动机，而阻碍性科研压力源相反，两类科研压力源均导致负面情绪出现；科研自我效能、情绪调节和学术氛围，既能强化挑战性科研压力源对科研绩效的促进作用，又能削弱阻碍性科研压力源对科研绩效的抑制作用。

以故事线为基础，构建了如图 4-1 所示的科研压力源对科研绩效的影响机理模型：两类科研压力源是自变量，科研绩效是因变量，成就动机和负面情绪是中介变量，科研自我效能、情绪调节和学术氛围是调节变量。

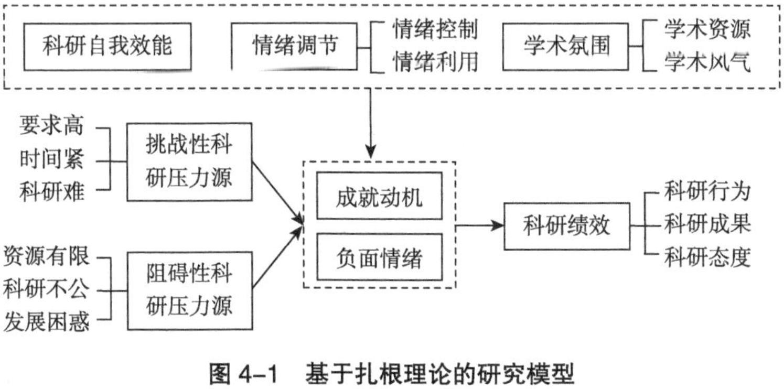


**图 4-1　基于扎根理论的研究模型**

其中挑战性科研压力源包含三个范畴，分别是要求高、时间紧和科研难；阻碍性科研压力源包含三个范畴，即资源有限、科研不公和发展困惑；科研绩效包含三个范畴，科研行为、科研成果和科研态度；情绪调节包含两个范畴，情绪控制和情绪利用；学术氛围包含两个范畴，学术资源和学术风气；科研自我效能、成就动机和负面情绪为单维。

### 4.2.4 模型饱和度检验

模型饱和度检验采用上述相同的编码流程，对预先留下的10份访谈记录进行扎根理论分析，结果并未发现新的概念、范畴和主范畴，与原有模型吻合，因此构建的科研压力源对科研绩效的影响机理模型在理论上达到了饱和。

## 4.3 模型阐释与对比

基于扎根理论构建的研究模型，得到了8个主范畴和7种主范畴之间的关系。7种关系分别为：

（1）挑战性科研压力源→成就动机→科研绩效（积极的）；

（2）阻碍性科研压力源→成就动机→科研绩效（消极的）；

（3）挑战性科研压力源→负面情绪→科研绩效（消极的）；

（4）阻碍性科研压力源→负面情绪→科研绩效（消极的）；

（5）科研自我效能正向调节“挑战性/阻碍性科研压力源→科研绩效”；

（6）情绪调节正向调节“挑战性/阻碍性科研压力源→科研绩效”；

（7）学术氛围正向调节“挑战性/阻碍性科研压力源→科研绩效”。

由（1）-（4）可知：挑战性科研压力源能激发成就动机，是促进科研绩效的好压力源，但是好压力源也会产生负面情绪，阻碍科研绩效的提高；而阻碍性科研压力源会降低成就动机和产生负面情绪，对科研绩效只有抑制作用。

由（5）-（7）可知：个体特质因素科研自我效能和情绪调节，以及环境因素学术氛围均能正向调节两类科研压力源对科研绩效的影响，即强化挑战性科研压力源的积极作用，削弱阻碍性科研压力源的消极作用。

把基于扎根理论得到的研究模型与基于文献演绎得到的研究模型进行对

比，可得到如表 4–4 所示的联系和区别：

**表 4–4　扎根理论与文献演绎的模型对比**

| | 扎根理论模型 | 文献演绎模型 |
|---|---|---|
| 变量个数 | 8 个主范畴 | 8 个研究变量 |
| 相同变量 | 挑战性科研压力源、阻碍性科研压力源、科研绩效、成就动机、科研自我效能、学术氛围 | 挑战性科研压力源、阻碍性科研压力源、科研绩效、成就动机、科研自我效能、学术氛围 |
| 不同变量 | 负面情绪、情绪调节 | 科研焦虑、情绪智力 |
| 变量间关系 | 7 种关系 | 18 个研究假设 |

从研究变量（主范畴）上看：两种方法建立的模型含有的研究变量个数相同，均为 8 个；研究变量的名称 6 个相同 2 个不同。其中，扎根理论模型中的负面情绪与文献演绎模型中的科研焦虑相比，都代表了科研压力导致的不良情绪，科研焦虑属于负面情绪的一部分，从负面情绪的范畴、概念上看，与科研焦虑的内涵基本相同，均描述了一种忐忑不安、急躁抱怨的情绪，因此认为两者是同一个变量，考虑到科研焦虑更具有学术性和针对性，因此统一用科研焦虑这个名称。扎根理论模型中的情绪调节与文献演绎模型中的情绪智力，阐述的均是个体情绪方面的能力，情绪智力的涵盖范围更广，包括自我情绪识别、他人情绪识别、情绪控制和情绪利用四个维度，后两个维度恰巧与情绪调节主范畴所涵盖的范畴相同，可认为情绪智力包含可清洗调节的含义，由于情绪智力与智力相对，又有专门的成熟量表进行测量，所以统一用情绪智力。

从研究变量之间的关系上看，文献演绎法得到了科研压力源对科研绩效的直接影响关系、中介影响关系和调节影响关系，其中中介影响关系和调节影响关系与扎根理论模型中各主范畴之间的 7 种关系相同，直接影响关系虽然在扎根理论模型中没有明确指出，但隐含了挑战性科研压力源对科研绩效有正向影响和阻碍性科研压力源对科研绩效有负向影响的关系。

综上，无论是文献演绎法还是扎根理论法构建的理论模型基本一致，均得到了 8 个研究变量，并且变量之间的影响关系相同，因此仍然按照第三章提出的研究假设进行后续的实证研究。

## 4.4 本章小结

本章选取了 30 名高校教师进行深度访谈，为每位被访教师整理了详细的访谈记录，作为扎根理论研究的一手文本数据，同时收集了被访教师所在学校的、可做数据检验的二手数据。遵循扎根理论的编码程序，在开放式编码阶段确定了 47 个概念和 16 个范畴，在主轴式编码阶段提炼了 8 个主范畴，在选择式编码阶段归纳了核心范畴，得到了主范畴之间的联系，形成了故事线，最终构建了科研压力源对科研绩效的影响模型。与文献演绎法得到的模型进行对比，发现两个模型从变量到变量之间的关系基本相同，进一步确定了理论模型和 18 个研究假设，为后续的实证研究打下坚实的基础。另外，扎根理论中形成的概念和范畴在下一章的量表设计中能发挥指导性的作用，使量表的设计更贴近我国的科研情境。

# 第五章　实证研究

本章的主要研究内容是设计调查问卷，收集量化数据进行模型验证。首先针对研究变量设计测量量表，包括科研压力源量表、科研绩效量表、成就动机量表、科研焦虑量表、科研自我效能量表、情绪智力量表和学术氛围量表的设计。在文献演绎和扎根理论研究的基础上，提出各个量表编制的依据、原则，整理每个量表的初始测量题目。然后开展小样本的预调查，对各个量表进行信度和效度的检验，剔除相关性较低的测量题目，形成正式的调查问卷。然后，开展正式调查，对收集到的数据进行检验，确保数据真实可靠。在此基础上，对研究中提出的 18 个假设进行一一验证。运用结构方程模型分析检验科研压力源对科研绩效的直接影响以及成就动机和科研焦虑的中介影响。运用阶层多元回归分析检验科研自我效能、情绪智力和学术氛围的调节影响。

## 5.1 问卷设计

### 5.1.1 问卷设计的原则

一份设计完好的调查问卷必须以充分调动应答者的积极性为前提，以使他们有足够的耐性填写完整个问卷。因此，本文在设计问卷时遵照以下几个原则：

（1）问卷题目和导语中避免出现敏感性的词语。本调查的主旨是高校教师的科研压力与科研绩效的基本情况，同时囊括教师个人能力的相关调查和高校学术环境的调查，这些调查内容均属于敏感性的话题。科研压力源涉及高校自身的科研考核制度和科研工作的现实困难性，科研绩效需要教师对自己的科研成果以及努力程度做出客观的判断。为了不给应答者的心理造成压力，特把本问卷的题目定为“高校教师科研情况及相关体验调查”，以避免由于敏感性词语的出现导致问卷填写失真的现象。同时，在问卷导语位置进行介绍："对于每个具体问项，每个人都会有自己的感受，选择没有对错之分，希望您如实回答。我们承诺：您的回答仅用于学术研究，我们将会予以保密，请不必有所顾虑。"

（2）采用结构化的询问方式。问卷中的问项可包括结构化的问项和非结构化的问项。结构化的问项是指有确定的选项，应答者只需从选项中勾选出自己的答案即可；非结构化的问项也称开放性问项，应答者需要针对问题给出文字上的回复，通常需要用一句或几句话写出自己的感受。鉴于很多回答者都不愿意回答开放性的问题，一方面由于需要思考、费时间，另一方面由于可能存在被人看出笔迹的风险，为保护隐私，所以本问卷题目的设计尽量使用结构化的询问方式，尽可能让应答者不填写文字，只进行选择。

（3）采用李克特五级量表。一般情况下，李克特五级量表比三级、七级、九级的量表信度更高。每个问项都是一个陈述性的语句，语句后面有代表程度性的五个级别选项，分别为：1. 非常不符合；2. 很不符合；3. 基本符合；4. 很符合；5. 非常符合。这五个程度选项能使回答者很快区分出自己的态度，非常不认可的可以直接选 1，非常认可的直接选 5，介于中间的选 3，至于 2 和 4，可以根据具体情况而定。

（4）问题设置不宜过多。过多的题目会使应答者厌烦，一般情况下，应答者在开始答题的时候态度较认真，之后会出现应付心理。那么，在设计问项时，要尽量考虑精简题目的数量，既要保证能准确测量出研究变量，又要保证应答者有足够的耐性。另外，把测量核心研究变量的问项放在问卷的开始进行测量，这样可以有效提高问卷的质量，在本调查中，科研压力源和科研绩效属于核心研究变量，所以应放在前面。

（5）个人信息放在问卷最后。本问卷将应答者的个人信息调整到问卷最后，一方面可以有效降低应答者的心理防备，另一方面可以提升问卷质量。

### 5.1.2 问卷的主要内容

本调查问卷主要包括三方面的内容：

第一部分是问卷导语。导语中要重点阐述三个环节：首先，用简洁易懂的语言描述出本次调查的目的和意义，使应答者了解调查意图；其次，为了消除应答者的防备心理，在导语中对问卷的保密性进行承诺，确保不会泄露应答者的信息，所有数据只为学术研究，不与奖惩相联系；最后，告诉应答者如何填写问卷，针对填写方法进行指导性说明。

第二部分是对高校教师科研状况相关变量的测量，包括科研压力源、科研绩效、成就动机、科研焦虑、科研自我效能、情绪智力和学术氛围。每个研究变量都有相应的测量题目，应答者需要针对自身的实际情况进行选择。对题目的陈述使用通俗易懂的语言，避免应答者误解题目含义。

第三部分是调查应答者的个人信息，包括性别、年龄、职称和所在学校性质。

### 5.1.3 初始量表的编制

量表是进行实证研究的前提和基础，并且对数据的信度和效度具有重要影响。Churchill（1979）[195] 认为在开发量表之前，要先建立一个坚实的理论框架，量表必须建立在坚实的理论基础上，才能进行具体问项的设计。本文的研究变量贴近教师的科研工作，大部分研究变量较新，不能利用成熟的量表，所以在以往相关研究的基础上，依据扎根理论深度访谈收集的数据，对现有量表进行了修改。

量表中具体问项的设计遵循简洁原则，即使用易于理解的词语，避免出现有歧义的词语或带有倾向性的词语，同时注意应答者的语言习惯，语句的表达符合常态。尤其是从外文翻译过来的量表，需要进行语言环境的处理，使之符合中国人的思维方式。具体的操作过程是：首先邀请两位英语专业的博士研究生和一位人力资源专业的博士研究生形成小组，对外文量表进行翻译，之后，请两位资深科研工作者对初步翻译的量表进行修订，以保证量表语言足够清晰，符合科研情境。

#### 一、科研压力源量表的编制

本文对科研压力源量表的编制秉承压力源二维结构理论，即分为挑战性科研压力源和阻碍性科研压力源。首先，回顾 Cavanaugh 等人（2000）的挑战性与阻碍性工作压力源量表。挑战性压力源是那些可以激发个体工作动力的压力源，由角色要求、工作负荷和时间压力等构成；阻碍性压力源是那些阻碍个体工作动力的压力源，包括工作中的繁文缛节、资源匮乏、角色模糊和人际冲突等。Cavanaugh 等人开发的压力源量表包括 11 个题目，其中 6 个题目测量挑战性压力源，其余 5 个题目测量阻碍性压力源，具体问项见表 5-1。

**表 5-1　Cavanaugh 的挑战性－阻碍性工作压力源量表**

| 类型 | 具体问项 |
| --- | --- |
| 挑战性压力源 | 1. 我需要做的项目或工作的数量很多 |
| | 2. 我花在工作上的时间很多 |
| | 3. 在规定的时间内我需要完成的工作量很大 |
| | 4. 我体验到时间的紧迫性 |
| | 5. 我需要承担很大的工作责任 |
| | 6. 我的职务需要负责的范围很广 |
| 阻碍性压力源 | 1. 政治性比工作绩效对组织决策的影响程度大 |
| | 2. 我无法清晰地理解工作对我的期望 |
| | 3. 工作中我需要处理大量的繁文缛节 |
| | 4. 工作中我缺乏安全感 |
| | 5. 我的职业生涯好像停滞不前 |

Boswell 等人（2004）、Webster 等人（2010）、刘得格等人（2011）的研究均采用 Cavanaugh 开发的量表，分析表明，该量表具有较高的信度，挑战性压力源和阻碍性压力源具有很好的区分效度。

Rodell 和 Judge（2009）在 Cavanaugh 量表的基础上开发了新的量表，每个维度涵盖 8 个测量题目，挑战性压力源用工作负荷、时间压力、工作责任和工作复杂性测量，阻碍性压力源用角色模糊、繁文缛节和角色冲突来测量。挑战性压力源的示例题目："我的工作要求我非常卖力""我在工作中感到了很严重的时间压力""我体会到工作需要我承担很大的责任""工作需要我具备复杂的高水平技能"等。阻碍性压力源的示例题目："工作中我不得不处理很多繁文缛节的事""我不能完全理解我被期望做什么""我得到了两个或两个以上的相互冲突的指挥""在完成工作的过程中我遇到了许多麻烦事"等。可见，对于阻碍性压力源的测量两个量表大同小异，对于挑战性压力源的测量，Rodell 和 Judge 在 Cavanaugh 的基础上添加了对工作复杂性的测量。

我国学者张桂平（2012）开发了科研考核压力源量表，把科研考核压力源分为科研考核挑战性压力源（6 个问项）和科研考核阻碍性压力源（8 个问项），研究表明适合我国情境，信效度良好，具体问项见表 5–2。

**表 5–2 张桂平的科研考核压力源量表**

| 类型 | 具体问项 |
| --- | --- |
| 科研考核挑战性压力源 | 1. 我在科研工作中经常感觉时间紧迫 |
| | 2. 科研工作需要我承担重要的责任 |
| | 3. 科研工作需要高水平的复杂的技能 |
| | 4. 学院设置的科研目标很高 |
| | 5. 我需要完成的科研工作量很大 |
| | 6. 学院针对的科研考核周期过短 |
| 科研考核阻碍性压力源 | 1. 科研工作中条条框框的约束很多 |
| | 2. 我不知道如何成为一个出色的学者 |
| | 3. 我很难兼顾好教师和好学者的双重角色 |
| | 4. 我的学术能力进步程度似乎停滞不前 |
| | 5. 完成一项科研任务要经历大量琐碎的程序 |
| | 6. 我缺乏职业安全感 |
| | 7. 课题、职称等评审不公平，看重资格而不是能力 |
| | 8. 我缺乏从事学术研究的资源 |

张桂平的量表对本文科研压力源量表的开发具有很大的借鉴性，该量表适合高校教师的科研环境，但是针对科研考核设计的量表缺少科研成果难创新、论文难发表和课题难申请等方面的问项，还不够完善。

本文的挑战性科研压力源是指能激发教师科研动力、会给教师带来成就感、有益于教师学术生涯发展的压力源，不仅包括高目标科研考核，还应包括科研责任感和高水平科研成果撰写和发表中的困难。阻碍性科研压力源是指会抑制教师科研动力的压力源，教师无力克服，会阻碍其学术生涯的发展，包括科研考核中的不公平、任务分配不清、资源限制、论文评审周期长等。在 Cavanaugh 和张桂平量表的基础上，结合先前扎根理论得到了 6 个范畴：要求高、时间紧、科研难、资源有限、发展困惑和科研不公。本文设计了科研压力源量表，包括挑战性科研压力源和阻碍性科研压力源两个维度，挑战性科研压力源用 8 个题目进行测量，阻碍性科研压力源用 7 个题目进行测量，具体问项见表 5–3。采用李克特五点法进行评分，得分越高说明高校教师面对的科研压力源越强。

表 5-3 科研压力源量表

| 类型 | 具体问项 | 参考来源 |
| --- | --- | --- |
| 挑战性科研压力源 | 1. 我所在学院设置的科研考核目标很高 | Cavanaugh 等（2000），Rodell 和 Judge（2009），张桂平（2012） |
| | 2. 我需要完成的科研任务量很大 | |
| | 3. 科研工作中我经常感觉时间紧迫 | |
| | 4. 我在科研工作中需要承担重要的责任 | |
| | 5. 从事科研工作需要我掌握很多研究方法 | |
| | 6. 挖掘有趣的、新颖的研究课题很难 | |
| | 7. 科研成果创新难 | |
| | 8. 高水平的学术论文很难发表 | |
| 阻碍性科研压力源 | 1. 我不知道如何成为一名出色的学者 | |
| | 2. 我很难找到志趣相投的科研合作伙伴 | |
| | 3. 我所在学院科研任务分配不清 | |
| | 4. 我所在学院科研考核中存在不公平的现象 | |
| | 5. 科研工作中需要我处理很多繁文缛节的程序 | |
| | 6. 我缺乏从事学术研究的资源 | |
| | 7. 期刊审稿周期过长 | |

## 二、科研绩效量表的编制

本文采用行为导向型的评价理念测量教师的科研绩效，不仅衡量教师的科研成果，而且衡量教师为科研付出的努力，如科研态度的严谨性、科研参与的积极性和是否具有高度的科研精神等，与扎根理论得到的科研行为、科研成果和科研态度 3 个范畴相呼应。国内学者曾晓娟（2010）和李剑伟（2012）分别开发的科研绩效的测量量表，见表 5-4。

表 5-4 曾晓娟和李剑伟的科研绩效量表

| 来源 | 具体问项 |
| --- | --- |
| 曾晓娟（2010） | 1. 主动进行科研交流活动，经常参加学术会议 |
| | 2. 积极开展研究工作，有相当数量的高级别论文或论著 |
| | 3. 努力使科研成果有很好的应用前景 |
| | 4. 对科研投入精力大，科研成果获得高级别的奖励 |
| | 5. 主动申请和参与科研立项，科研项目和级别远远超过平均数 |
| | 6. 在科研条件差的情况下能克服困难坚持研究工作 |

续表

| 来源 | 具体问项 |
| --- | --- |
| 李剑伟（2012） | 1. 主动进行科研交流活动，经常参加学术会议 |
| | 2. 对科研投入精力大，有一定数量的高级别论文或论著 |
| | 3. 努力使科研成果有很好的应用前景 |
| | 4. 在科研条件差的情况下能克服困难坚持研究工作 |
| | 5. 主动申请和参与科研立项，科研项目和级别远远超过平均数 |
| | 6. 即使再无报酬，也愿意加班完成科研工作 |

由表 5–4 可知，李剑伟的量表是在曾晓娟量表的基础上开发的，有很多相似的问项。两个量表都存在一个共同的问题，就是问项中两个分句的形式多，如曾晓娟量表的第五个问项“主动申请和参与科研立项，科研项目和级别远远超过平均数”，这句话其实表达了两个方面的含义，一是测量教师申请和参与的主动性，二是测量教师的项目成果。放在一个问题上询问应答者会产生混淆，因为有的教师可能一直在主动申请项目，但是成功申请到的项目不多或是级别不高，这就可能导致应答者在这个题目上的回答产生偏差，所以需要对个别题目进行分拆处理。另外，还需要适当添加对教师科研态度和科研互助的测量，这两个因素在上述量表中没有得到很好的体现，但却属于本文定义的科研绩效的范畴。因此设计了如表 5–5 所示的测量题目，共包括 9 个具体问项。采用李克特五点法进行评分，得分越高说明高校教师的科研绩效水平越高。

**表 5–5　科研绩效量表**

| 具体问项 | 参考来源 |
| --- | --- |
| 1. 我经常参加学术会议 | 曾晓娟（2010），李剑伟（2012） |
| 2. 我总是积极地申请和参与科研立项 | |
| 3. 我努力撰写高水平的学术论文 | |
| 4. 我在科研方面投入了很大的精力 | |
| 5. 我始终保持严谨的科研态度 | |
| 6. 我经常帮助他人解决科研上的困难 | |
| 7. 我拥有一定数量的高水平学术论文 | |
| 8. 我申请到的科研项目的数量和级别超过岗位平均数 | |
| 9. 我获得了很多科研奖项 | |

## 三、成就动机量表的编制

成就动机是较成熟的心理变量，具有很好的理论基础，不少学者针对成就动机开发了量表，本文采用挪威学者 Gjesme 和 Nygard 于 1970 年开发的 The Achievement Motive Scale（简称 AMS）测量高校教师的成就动机。国内学者叶仁敏等人于 1988 年对该量表进行了修订，使其符合中国情景，量表共包括两个维度，分别是追求成功的动机和避免失败的动机，每个维度下 15 个题目，共 30 个题目。原始量表的评分标准采用的是四点法，为了与本文的计分标准相统一，特改为五点法。

原始量表中成就动机的分值等于追求成功动机的分数减去避免失败动机的分数，本文所指的成就动机倾向于测量教师追求成功的动机，因此首先筛选出 AMS 中测量追求成功动机的 15 个题目。由于本文的调查问卷涉及的研究变量较多，为了避免应答者因题多产生厌烦情绪，特对这 15 个题目进行精简，在保证原始量表完整性的基础上，选取以往研究中因子载荷很高的题目，并结合扎根理论编码中属于成就动机的 3 个概念，喜欢成功、主动克服和迎难而上，形成了 6 个题目来测量高校教师的成就动机。本文设计的成就动机量表见表 5-6，得分越高表示高校教师追求成功的动机越高。

**表 5-6　成就动机量表**

| 具体问项 | 参考来源 |
|---|---|
| 1. 我喜欢坚持不懈地解决没有把握处理的问题 | Gjesme 和 Nygard（1970），朱丽雅（2012）[196] |
| 2. 我喜欢解决新奇的、有困难的任务，不惜冒风险 | |
| 3. 我会被有困难的任务吸引 | |
| 4. 我会被能测量自身能力的机会深深吸引 | |
| 5. 我会被不能确定是否会成功的工作吸引 | |
| 6. 在完成困难任务的过程中，我感到很快乐 | |

## 四、科研焦虑量表的编制

科研焦虑指的是在科研工作未完成之前所产生的紧张、担心、不安、抱怨等情绪，依据 Rodell 和 Judge（2009）测量焦虑的设计理念，参考 Watson 和 Clark（1994）开发的正面情绪和负面情绪量表（Positive and Negative Affect Schedule-Expanded Form，PANAS-X）[197]，本文设计了 4 个题目测量高校教师的科研焦虑，具体问项见表 5–7。采用李克特五点法进行评分，得分越高表明教师的科研焦虑越强。

表 5–7　科研焦虑量表

| 具体问项 | 参考来源 |
|---|---|
| 1. 在科研任务未完成前，我总是担心不能顺利完成科研任务 | Watson 和 Clark（1994），Rodell 和 Judge（2009） |
| 2. 在科研任务未完成前，我总是抱怨严格的考核制度 | |
| 3. 在科研任务未完成前，我经常产生挫败感 | |
| 4. 在科研任务未完成前，我经常烦躁不安 | |

## 五、科研自我效能量表的编制

德国柏林自由大学的临床和健康心理学家 Schwarzer 教授和他的同事率先开发了德文版的一般自我效能量表（General Self-efficacy Scale，GSES）[198]，共 10 个测量题目，之后被翻译成至少 25 种语言，在国际上广泛使用。中文版本的一般自我效能量表得到了普遍的应用，已被证明有很好的信度和效度，示例题目“如果我尽力去做的话，我总是能够解决问题”“对我来说，坚持理想和达成目标是轻而易举的”“以我的才智，我定能应付意料之外的情况”等。但是，自我效能的高低常与特定的领域相关，同一个体在不同的领域所表现出的自我效能可能迥然不同，他可能在某个领域自我效能很强，而在其他领域自我效能很弱。所以，应根据特定的研究领域开发相应的自我效能量表。

我国学者周菲（2009）自编了科研自我效能量表，把科研自我效能划分了三个维度：第一个维度是立项自我效能，示例题目“解决项目立项环节出现的难题，我很有经验”；第二个维度是研究自我效能，示例题目“我自信我能胜任科研工作”；第三个维度是成果展示自我效能，示例题目“我擅长撰写研究报告”。

本文认为，科研自我效能量表应遵循一般自我效能量表的设计风格，维持单维的思想，测量高校教师对科研工作的自信程度，因此本研究在 GSES 的基础上，融合了扎根理论得到的自信和拥有科研能力两个概念，设计了新的科研自我效能量表，共包括 5 个题目，见表 5–8，采用李克特五点法进行评分，得分越高表明教师的科研自我效能感越强。

表 5-8　科研自我效能量表

| 具体问项 | 参考来源 |
|---|---|
| 1. 对我来说，完成科研任务是轻而易举的事 | Schwarzer 和 Aristi（1997），周非（2009） |
| 2. 如果我尽力去做的话，我总能解决科研上的困难 | |
| 3. 我自信能有效地应付任何突如其来的科研挑战 | |
| 4. 我能冷静地面对科研难题，因为我相信自己有能力处理 | |
| 5. 面对科研瓶颈时，我通常能找到几种解决方案 | |

## 六、情绪智力量表的编制

情绪智力的测量形式分为两种：一种是计算最高分的表现测试（maximum performance），类似智商测试；另一种是填写问卷的自我报告测试（self-report），类似人格测试。基于这两种测量形式，情绪智力存在着大量的测量工具。Ashkanasy 和 Daus（2005）[199] 给出了一个较好的分类标准，把测量工具分为三种类型。类型 1 以能力模型理论为基础，采用计算最高分的表现测试。目前以 Mayer 等人开发的 MSCEIT（Mayer–Salovey–Caruso Emotional Intelligence Test）为主，它要求被测者回答一系列的问题，以测量其感知情绪、鉴别情绪、理解情绪和控制情绪的能力。类型 2 仍然以能力模型理论为基础，但是采用自我报告的形式。符合这个类型的测量工具较多，如：Schutte 等（1998）[200] 开发的 EIS 量表，Wong 和 Law（2002）[201] 开发的 WLEIS 量表等。类型 3 以混合模型理论为基础，采用自我报告的形式，具有代表性的为 Bar–on 的 EQ–i 量表，Goleman 的 ECI 量表和 Petrides 的 TEIQue 量表。

由于本文以能力模型理论为基础，所以不考虑属于类型 3 的测量工具。Law 等（2008）[202] 以我国一家大型电脑企业的研发人员为样本，运用实证研究的方法对比了由西方国家开发的 MSCEIT 和由香港中文大学 Wong（黄炽森）和 Law（罗胜强）两位教授开发的 WLEIS 量表，证明了基于本土文化的 WLEIS 更适合中国情境，所测结果更真实，所以本文选用成熟的 WLEIS 量表来测量高校教师的情绪智力。

WLEIS 量表基于 Mayer 和 Salovey 提出的情绪智力四因素模型，把情绪智力划分为四个维度：（1）自我情绪评估。测量个体了解自己情绪的能力，高分者能了解自己的深层情绪。（2）他人情绪评估。测量个体感知和理解周围人情绪的能力，高分者能够敏锐地洞察他人的情绪并能有效预测他人的情绪反应。

（3）情绪管理。测量个体管理自己情绪的能力，高分者遇事冷静，能很快平复消极情绪。（4）情绪利用。测量个体利用积极情绪解决问题，提高表现的能力，高分者能自我激励，以正向情绪促进个人发展。WLEIS 量表共 16 个题目，每个维度 4 个题目，具体问项见表 5-9，采用李克特五点法进行评分，得分越高说明情绪智力水平越高。

**表 5-9　情绪智力量表**

| 类型 | 具体问项 | 来源 |
|---|---|---|
| 自我情绪评估 | 1. 我很了解自己的情绪 | Wong 和 Law（2002） |
| | 2. 大多数情况下，我知道自己为什么会有某些感受 | |
| | 3. 通常情况下，我知道自己是否开心 | |
| | 4. 我很清楚自己的感觉 | |
| 他人情绪评估 | 1. 我很了解周围人的情绪 | |
| | 2. 我观察别人情绪的能力很强 | |
| | 3. 我通常能从朋友的行为中猜到他们的情绪 | |
| | 4. 我能很敏锐地洞悉别人的感受和情绪 | |
| 情绪管理 | 1. 我对自己的情绪有很强的控制能力 | |
| | 2. 遇到困难时，我能控制自己的脾气 | |
| | 3. 当我愤怒时，我通常能在很短的时间内冷静下来 | |
| | 4. 我能很好的控制自己的情绪 | |
| 情绪利用 | 1. 面对困难，我能自我激励 | |
| | 2. 我经常告诉自己是一个有能力的人 | |
| | 3. 我通常能为自己制订目标并尽量完成这些目标 | |
| | 4. 我总是鼓励自己尽最大的努力 | |

## 七、学术氛围量表的编制

氛围是一种“人造气候”，以无形的形式影响着氛围内部成员的心理。目前，学术界对大学学术氛围是否可以量化为具体的测量项目，还存在争议，所以说学术氛围很难测量。有些学者试图构建学术氛围的衡量体系，力争为学术氛围的测量打基础。邓文琳（2009）[203]编制了初始的学术氛围评价体系，通过咨询厦门大学、华中科技大学、苏州大学、南京师范大学、台湾大学、湖南大学、北京大学等多所大学的教授，最终确定了学术成员层面、学术资源层面、学术管理制度层面和学术活动层面四个一级评价指标。每个一级评价指标又有相应的二级评价指标，二级指标的示例如“是否具有良好的学术道德”“学术资源的共享和开放程度”“学术成果的评判是否公正、科学”“学术活动的内容是否反映研究领域前沿”等。

梁爽（2008）在开发高校组织气氛测量量表时，针对“学术交流”因子设计的6个题目，侧重衡量高校中学术信息交流和学术团队建设，示例题目“所在学校支持和鼓励科研团队建设”“所在学校拥有很多学术团队”“所在学校学科内部学术信息交流频繁”等。

本文借鉴邓文琳的学术氛围评价体系，从四个一级指标中抽取适当的二级评价指标，并结合扎根理论得到两个范畴：学术资源和学术风气，最终形成了6个问项，见表5-10，采用李克特五点法进行评分，得分越高表明高校的学术氛围越浓厚。

**表 5-10　学术氛围量表**

| 具体问项 | 参考来源 |
|---|---|
| 1. 所在学校拥有丰富的学术交流活动 | 邓文琳（2009），梁爽（2008） |
| 2. 所在学校拥有良好的学术道德风气 | |
| 3. 所在学校拥有充足的学术资源 | |
| 4. 所在学校拥有畅通的学术沟通渠道 | |
| 5. 所在学校具有合作意识和团队精神 | |
| 6. 所在学校拥有良好的学术创新引导机制 | |

# 5.2 预调查与问卷修订

## 5.2.1 预调查的目的

一般情况下，在进行大样本的正式调查之前，要先进行小样本的预调查。预调查是正式调查的前提和保证。本文的量表大多是在前人的基础上重新编制的，虽然能保证一定的内容效度，但是由于测量题目的陈述或是测量题目的数量相比原始量表都有不同程度的改变，因此需要重新检验信度和效度水平。通过对预调查的数据进行分析，剔除与研究变量相关度不高、信度水平较低和因子载荷过低的问项，有利于对量表进行修订。同时，经由应答者的反馈，可以发现问卷导语或是问项陈述中语意不清的词语，对其进行适当的修改有益于问卷的清晰性。另外，预调查的结果可以为后续研究提供一定程度的支撑，对初步了解研究变量的基本情况提供了依据。

### 5.2.2 预调查的对象及数据收集

本研究首先对天津市 3 所大学的教师进行了预调查，共发放问卷 93 份，回收的有效问卷数量为 75 份，有效回收率为 80.6%。预调查样本的背景特征如下：男教师 32 人（42.7%），女教师 43 人（57.3%）；30 岁及其以下的 14 人（18.7%），31–40 岁的 50 人（66.7%），41–50 岁的 10 人（13.3%），51 岁及其以上的 1 人（1.3%）；助教 10 人（13.3%），讲师 32 人（42.7%），副教授 24 人（32%），教授 9 人（12%）。

预调查的样本中女教师略多于男教师；大部分教师的年龄介于 31 岁到 40 岁之间，51 岁以上的仅有一人；职称分布情况集中在讲师和副教授，与正常的高校职称体系人员数量相符。尽管预调查样本的年龄分布不均，但完全不影响数据的信度和效度检验。

### 5.2.3 初始量表的信度与效度检验

信度（Reliability）用于衡量结果的可靠性、一致性和稳定性。效度（Validity）用来衡量结果反映研究问题的程度。本文选取 Cronbach's $\alpha$ 系数作为量表信度的检验指标，同时，采用探索性因子分析对各个量表进行结构效度检验，所用到的统计软件为 SPSS 19。

由于本文的量表并不成熟，所以在进行信度和效度检验之前，首先要对每个量表进行 CITC（Corrected–item total correlation）检验，以净化测量题目。CITC 即检验同一个维度下，每一个测量题目与其他所有测量题目之和的相关系数，如果 CITC 指数低于 0.4，则表示该测量题目与其他测量题目的相关性很低，同质性不高，所以如果没有特别的理由，应删除该测量条目。

根据以往的研究经验，Cronbach's $\alpha$ 系数大于 0.7 即表示量表的信度水平良好。在效度检验方面，进行探索性因子分析之前，需先检验数据的 KMO 值和 Bartlett 球形值，以判断数据是否适合因子分析。一般情况下，KMO 值在 0.9 以上说明非常适合进行因子分析；介于 0.7 到 0.9 之间说明很适合进行因子分析；在 0.5 到 0.7 之间说明勉强适合进行因子分析，而低于 0.5 则表明不适合进行因子分析，因此 KMO 值至少要大于 0.5。Bartlett 球形值达到 0.01 的显著性水平即可。以下分别对每个量表进行了 CITC 检验和信效度检验。

## 一、科研压力源量表的检验

按照最初的设计理念，科研压力源量表包括两个维度，分别是挑战性科研压力源和阻碍性科研压力源，共包括 15 个测量题目。表 5-11 分别列出了每个测量题目的 CITC 值、删除该测量题目后的 α 系数（Alpha if item deleted）、该测量变量在维度水平下的 α 系数、KMO 值及 Bartlett 球形显著性水平、探索性因子分析的载荷矩阵。

**表 5-11　科研压力源量表的检验结果**

| 测量题目 | CITC 值 | Alpha if item deleted | α 系数 | KMO 值 | 因子载荷 | |
|---|---|---|---|---|---|---|
| | | | | | 因子 1 | 因子 2 |
| 挑压 1 | 0.798 | 0.842 | 0.875 | KMO=0.878<br>P<0.001 | 0.807 | 0.299 |
| 挑压 2 | 0.801 | 0.843 | | | 0.804 | 0.331 |
| 挑压 3 | 0.760 | 0.847 | | | 0.845 | 0.178 |
| 挑压 4 | 0.072 | 0.913 | | | | |
| 挑压 5 | 0.771 | 0.845 | | | 0.844 | 0.215 |
| 挑压 6 | 0.789 | 0.842 | | | 0.901 | 0.087 |
| 挑压 7 | 0.717 | 0.850 | | | 0.740 | 0.304 |
| 挑压 8 | 0.429 | 0.879 | | | 0.436 | 0.288 |
| 阻压 1 | 0.727 | 0.873 | 0.893 | | 0.346 | 0.695 |
| 阻压 2 | 0.810 | 0.862 | | | 0.267 | 0.840 |
| 阻压 3 | 0.382 | 0.910 | | | | |
| 阻压 4 | 0.770 | 0.868 | | | 0.191 | 0.857 |
| 阻压 5 | 0.778 | 0.868 | | | 0.173 | 0.855 |
| 阻压 6 | 0.750 | 0.870 | | | 0.264 | 0.791 |
| 阻压 7 | 0.631 | 0.884 | | | 0.185 | 0.730 |

由表 5-11 可知，测量挑战性科研压力源的第四题和测量阻碍性科研压力源的第三题的 CITC 值均小于 0.4，并且删除这两个项目都会使相应维度的 α 系

数增大，所以在量表中剔除“挑压 4”和“阻压 3”所对应的题目。由 Alpha if item deleted 可知，剔除“挑压 8”会使 α 系数增大，但是现阶段 α 系数已经足够大，并且剔除“挑压 8”使 α 系数增大的幅度不大，所以保留“挑压 8”。剔除“挑压 4”和“阻压 3”后，挑战性科研压力源的 α 系数变为 0.913，阻碍性科研压力源的 α 系数变为 0.910，另外，科研压力源量表的总信度为 0.924，三个值均大于 0.7，表明该量表具有很好的信度水平。

对挑压 1–3、5–8 和阻压 1–2、4–7 做探索性因子分析，KMO 值为 0.878，表明适合进行因子分析。经由最大方差旋转法得到的探索性因子分析结果如表 5–11 的最右侧两列所示，“挑压 8”这个题目在两个因子中的载荷都不足 0.5，说明该题目不隶属于这两个因子，所以应剔除挑压 8 对应的测量题目。其余题目在所属因子中呈现了较高的相关性（>0.6），在其他因子中呈现了较低的相关性（<0.4），因子结构清晰，因此该量表具有良好的效度水平。两个因子累计解释的方差变异量为 68.5%。

## 二、科研绩效量表的检验

科研绩效量表共包括 9 个题目，如表 5–12 所示，“绩效 4”所对应的测量题目 CITC 值小于 0.4，并且剔除该题目的 α 系数（0.896）大于不删除该题目的 α 系数（0.887），因此，剔除“绩效 4”所对应的测量题目。剔除“绩效 4”之后的 KMO 值为 0.856，表明该量表适合进行因子分析，探索性因子分析析出一个因子，每个测量题目在该因子下的载荷都大于 0.6，该因子解释的方差变异量为 58.2%。综上，科研绩效量表具有较好的效度水平。

**表 5–12　科研绩效量表的检验结果**

| 测量题目 | CITC 值 | Alpha if item deleted | α 系数 | KMO 值 | 因子载荷 |
|---|---|---|---|---|---|
| 绩效 1 | 0.715 | 0.869 | | | 0.787 |
| 绩效 2 | 0.694 | 0.870 | | | 0.788 |
| 绩效 3 | 0.723 | 0.868 | | | 0.797 |
| 绩效 4 | 0.360 | 0.896 | | | |
| 绩效 5 | 0.660 | 0.874 | 0.887 | KMO=0.856<br>P<0.001 | 0.747 |
| 绩效 6 | 0.690 | 0.871 | | | 0.777 |
| 绩效 7 | 0.593 | 0.879 | | | 0.682 |
| 绩效 8 | 0.673 | 0.872 | | | 0.765 |
| 绩效 9 | 0.658 | 0.873 | | | 0.752 |

## 三、成就动机量表的检验

本文设计的成就动机量表共包括 6 个题目，信效度检验结果如表 5–13 所示。每个测量题目的 CITC 值均大于 0.4，删除“动机 4”会使 α 系数变大，但是现在 α 系数为 0.935，已经足够大，所以本文保留动机 4 这个测量题目。KMO 值为 0.825，探索性因子分析只析出一个因子，且每个测量题目在该因子下的载荷都大于 0.7，该因子解释的方差变异量为 75.7%，因此，该量表具有很好的信度和效度水平，应保留量表中原有的题目。

**表 5–13　成就动机量表的检验结果**

| 测量题目 | CITC 值 | Alpha if item deleted | α 系数 | KMO 值 | 因子载荷 |
|---|---|---|---|---|---|
| 动机 1 | 0.720 | 0.934 | 0.935 | KMO=0.825<br>P<0.001 | 0.794 |
| 动机 2 | 0.748 | 0.930 | | | 0.824 |
| 动机 3 | 0.899 | 0.910 | | | 0.940 |
| 动机 4 | 0.666 | 0.939 | | | 0.743 |
| 动机 5 | 0.714 | 0.908 | | | 0.951 |
| 动机 6 | 0.706 | 0.909 | | | 0.945 |

## 四、科研焦虑量表的检验

本文共设计了 4 个题目测量科研焦虑，如表 5–14 所示，这四个测量题目的 CITC 值均大于 0.4，每个题目的 Alpha if item deleted 值都小于量表的 α 系数 0.842，说明该量表具有良好的信度水平。另外，该量表的 KMO 值为 0.757，适合进行因子分析，探索性因子分析结果表明这四个题目从属于一个因子，该因子解释的方差变异量为 68.2%，每个题目在该因子下的载荷都大于 0.7，表明科研焦虑量表具有很好的结构效度。

**表 5–14　科研焦虑量表的检验结果**

| 测量题目 | CITC 值 | Alpha if item deleted | α 系数 | KMO 值 | 因子载荷 |
|---|---|---|---|---|---|
| 焦虑 1 | 0.675 | 0.800 | 0.842 | KMO=0.757<br>P<0.001 | 0.836 |
| 焦虑 2 | 0.692 | 0.794 | | | 0.869 |
| 焦虑 3 | 0.749 | 0.767 | | | 0.763 |
| 焦虑 4 | 0.597 | 0.836 | | | 0.831 |

## 五、科研自我效能量表的检验

本文设计的科研自我效能量表包括 5 个测量题目，量表的信效度检验结果见表 5-15。每个测量题目 CITC 值都大于 0.4，删除任何一个题目都不会使 α 系数变大，该量表的 α 系数为 0.911，具有很高的信度水平。量表的 KMO 值为 0.838，探索性因子分析只析出一个因子，且每个测量题目在该因子下的载荷都大于 0.8，该因子解释的方差变异量为 73.7%，因此，该量表具有很好的效度水平。

**表 5-15　科研自我效能量表的检验结果**

| 测量题目 | CITC 值 | Alpha if item deleted | α 系数 | KMO 值 | 因子载荷 |
|---|---|---|---|---|---|
| 效能 1 | 0.716 | 0.903 | 0.911 | KMO=0.838<br>P<0.001 | 0.815 |
| 效能 2 | 0.767 | 0.892 | | | 0.855 |
| 效能 3 | 0.789 | 0.888 | | | 0.870 |
| 效能 4 | 0.780 | 0.890 | | | 0.862 |
| 效能 5 | 0.817 | 0.882 | | | 0.889 |

## 六、情绪智力量表的检验

情绪智力量表是本文中唯一一个没有修改过的量表，使用的是完整版的 WLEIS 量表，包括四个维度，每个维度各 4 个测量题目，共 16 个题目。如表 5-16 所示，CITC 和 α 系数都展现出了很好的水平，探索性因子分析析出四个因子，分别与四个维度对应，每个题目都在所属维度表现出较高的因子载荷，在其他维度表现出较低的因子载荷，因子结构清晰，四个因子累计解释了 71.4% 的方差变异量，因此情绪智力量表具有很高的信度和效度水平。

**表 5-16　情绪智力量表的检验结果**

| 测量题目 | CITC 值 | Alpha if item deleted | α 系数 | KMO 值 | 因子载荷 | | | |
|---|---|---|---|---|---|---|---|---|
| | | | | | 因子 1 | 因子 2 | 因子 3 | 因子 4 |
| 自评 1 | 0.613 | 0.780 | 0.815 | KMO=0.795<br>P<0.001 | 0.693 | 0.296 | 0.024 | 0.122 |
| 自评 2 | 0.636 | 0.772 | | | 0.737 | 0.184 | 0.151 | 0.021 |
| 自评 3 | 0.681 | 0.744 | | | 0.824 | −0.041 | 0.015 | 0.219 |
| 自评 4 | 0.630 | 0.770 | | | 0.808 | −0.009 | 0.153 | 0.173 |

续表

| 测量题目 | CITC 值 | Alpha if item deleted | α 系数 | KMO 值 | 因子载荷 | | | |
|---|---|---|---|---|---|---|---|---|
| | | | | | 因子 1 | 因子 2 | 因子 3 | 因子 4 |
| 他评 1 | 0.537 | 0.761 | 0.784 | KMO=0.795 P<0.001 | 0.215 | 0.737 | 0.292 | -0.364 |
| 他评 2 | 0.660 | 0.694 | | | 0.139 | 0.788 | 0.124 | 0.293 |
| 他评 3 | 0.746 | 0.656 | | | 0.139 | 0.753 | 0.269 | 0.342 |
| 他评 4 | 0.697 | 0.675 | | | 0.074 | 0.801 | 0.177 | 0.233 |
| 管理 1 | 0.677 | 0.864 | 0.876 | | 0.307 | -0.010 | 0.755 | 0.318 |
| 管理 2 | 0.810 | 0.811 | | | 0.079 | 0.107 | 0.872 | 0.261 |
| 管理 3 | 0.732 | 0.842 | | | 0.120 | 0.361 | 0.715 | 0.198 |
| 管理 4 | 0.734 | 0.845 | | | 0.009 | 0.375 | 0.734 | 0.198 |
| 利用 1 | 0.714 | 0.823 | 0.861 | | 0.203 | 0.270 | 0.297 | 0.738 |
| 利用 2 | 0.713 | 0.822 | | | 0.369 | 0.168 | 0.283 | 0.673 |
| 利用 3 | 0.753 | 0.804 | | | 0.106 | 0.248 | 0.288 | 0.751 |
| 利用 4 | 0.662 | 0.842 | | | 0.067 | 0.262 | 0.182 | 0.724 |

## 七、学术氛围量表的检验

本文设计的学术氛围量表包括 6 个测量题目，量表的信效度检验结果如表 5-17 所示：

**表 5-17　学术氛围量表的检验结果**

| 测量题目 | CITC 值 | Alpha if item deleted | α 系数 | KMO 值 | 因子载荷 |
|---|---|---|---|---|---|
| 氛围 1 | 0.542 | 0.788 | 0.802 | KMO=0.850 P<0.001 | 0.641 |
| 氛围 2 | 0.573 | 0.769 | | | 0.725 |
| 氛围 3 | 0.552 | 0.773 | | | 0.703 |
| 氛围 4 | 0.633 | 0.753 | | | 0.775 |
| 氛围 5 | 0.563 | 0.771 | | | 0.711 |
| 氛围 6 | 0.546 | 0.775 | | | 0.701 |

每个测量题目 CITC 值都大于 0.4，删除任何一个题目都不会使 α 系数变大，该量表的 α 系数为 0.802，表明量表具有很高的信度水平。量表的 KMO 值为 0.850，探索性因子分析只析出一个因子，且每个测量题目在该因子下的载荷

都大于 0.6，该因子解释的方差变异量为 58.3%，因此，该量表具有很好的效度水平。

### 5.2.4 正式问卷的内容

由应答者的反馈可知，不存在语意不清的词语，应答者能够正确理解调查的目的，所以保持原有的问卷导语和测量题目的描述情况。本问卷共包括 7 个子量表，经过信度和效度检验，最终形成了 57 个测量题目。

各个量表的概括如下：（1）科研压力源量表：两维，挑战性科研压力源由 6 个题目测量，阻碍性科研压力源由 6 个题目测量，一共 12 个题目。（2）科研绩效量表：单维，由 8 个题目测量。（3）成就动机量表：单维，由 6 个题目测量。（4）科研焦虑量表：单维，由 4 个题目测量。（5）科研自我效能量表：单维，由 5 个题目测量。（6）情绪智力量表：四维，每个维度 4 个测量题目，共 16 个题目。（7）学术氛围量表：单维，由 6 个题目测量。

## 5.3 正式调查样本与数据收集

本文的研究对象是高校中从事教学和科研工作的教师，不包括专职学生工作或行政工作的教辅人员。为了保证数据分布的合理性，本次调查共涉及 30 多所学校，分布于天津、北京、保定、武汉、大连等城市。考虑到本文的研究视角是教师的科研工作，985 和 211 高校的教师承担的科研任务和科研责任要远远大于一般本科院校，所以在采样时，发给 985 和 211 高校教师的问卷多于一般本科院校的教师，以提高样本的代表性。

本文设计了两种形式的问卷：一种是纸质版问卷，供应答者直接填写；另一种是电子版问卷（Excel 格式），通过电子邮件的形式发放给教师填写。问卷发放主要采取两种方式：第一种方式是现场发放纸质版问卷，经调查者对本次调查意图的介绍，邀请教师当面填写问卷，并当场回收问卷；第二种方式是委托他人代发问卷（既有纸质版问卷，又有电子版问卷），委托熟人、朋友在他们所在的学校发放问卷，由他们向应答者讲述调查意图，邀请教师填写问卷，并由他们返回填写好的问卷。

本次调查共发放问卷 510 份，根据有效问卷的筛选原则，剔除随意勾划明显、大部分勾划同一选项、漏题严重的问卷，经统计，回收的有效问卷为 427 份，有效回收率为 83.7%。被调查者的基本信息如下：

**表 5–18　被调查者的基本信息**

| 问项 | 类别 | 频率 | 百分比（%） |
|---|---|---|---|
| 性别 | 男 | 236 | 55.3 |
| | 女 | 191 | 44.7 |
| 年龄 | 30 岁及以下 | 62 | 14.5 |
| | 31–40 岁 | 223 | 52.2 |
| | 41–50 岁 | 125 | 29.3 |
| | 51 岁及以上 | 17 | 4.0 |
| 职称 | 助教 | 47 | 11.0 |
| | 讲师 | 158 | 37.0 |
| | 副教授 | 140 | 32.8 |
| | 教授 | 82 | 19.2 |
| 学校性质 | 985 或 211 院校 | 228 | 53.4 |
| | 一般院校 | 199 | 46.6 |

从表 5–18 可以看出，样本信息具有较好的分布特征。从性别上讲，男教师偏多，但男女比例基本持平。从年龄上看，31 到 40 岁的被调查者最多，占到了样本总数的 52.2%；其次是 41 到 50 岁的被调查者，占总数的 29.3%；51 岁及以上的被调查者所占比重较小，仅为 4.0%。从职称上讲，助教 47 人，占 11.0%；讲师 158 人，占 37.0%；副教授 140 人，占 32.8%；教授 82 人，占 19.2%。副教授和教授总共占样本数的 56.2%，多于样本的半数，这可能与调查样本中多为 985、211 重点高校的教师有关。最后，就学校的性质而言，985 或 211 院校的教师占总数的 53.4%，多于一般院校的教师（占总数 46.6%），与采样思想相符。

# 5.4 数据信度和效度检验

虽然预调查时已经对量表的信度和效度进行了检验，正式调查的量表是修订完好的量表，但是，由于样本的差异性和研究过程中不确定性因素的存在，还需要对正式调查得到的数据进行信度和效度检验。信度检验仍使用 Cronbach's α 系数。

众所周知，结构效度有两种检验方法，分别为探索性因子分析和验证性因子分析。探索性因子分析适合于因子结构不清晰的情况，通过探索发现量表包含几个维度，根据同一个维度下题目的描述情况归纳出每个维度具体代表的含义。在检验新开发量表的结构效度时，应采用探索性因子分析。而验证性因子分析适用于具有较好理论基础的结构，已明确每个题目归属哪个维度，目的是通过数据分析确定建立的模型是否适当、合理。本文所涉及的量表虽源于国内外现有文献，但是除了情绪智力量表以外，其他量表都做了修改，所以在预调查中应用探索性因子分析检验量表的效度。然而，修订好的量表展示了良好的效度水平，因此，在正式调查中，选用验证性因子分析方法进一步验证结构效度的适切性。

## 5.4.1 信度检验

科研压力源、科研绩效、成就动机、科研焦虑、科研自我效能、情绪智力和学术氛围共七个量表的 Cronbach's α 系数见表 5–19。

**表 5–19　数据的信度分析结果**

| 量表 | 测量题目数 | Cronbach's α 系数 |
|---|---|---|
| 科研压力源 | 12 | 0.897 |
| 挑战性科研压力源 | 6 | 0.860 |
| 阻碍性科研压力源 | 6 | 0.836 |
| 科研绩效 | 8 | 0.867 |
| 成就动机 | 6 | 0.914 |
| 科研焦虑 | 4 | 0.794 |

续表

| 量表 | 测量题目数 | Cronbach's α 系数 |
|---|---|---|
| 科研自我效能 | 5 | 0.840 |
| 情绪智力 | 16 | 0.913 |
| 自我情绪评估 | 4 | 0.852 |
| 他人情绪评估 | 4 | 0.856 |
| 情绪管理 | 4 | 0.898 |
| 情绪利用 | 4 | 0.860 |
| 学术氛围 | 6 | 0.874 |

由表 5-19 可知，每个量表的 Cronbach's α 系数都大于 0.7，科研压力源量表和情绪智力量表的各个维度的 Cronbach's α 系数也均大于 0.7，表明数据具有很高的信度水平，适合进行后续的分析。

## 5.4.2 效度检验

运用 AMOS 19 对各个量表进行验证性因子分析，首先，需要检验每个量表的拟合指数，即反映模型与样本数据吻合程度的统计量。那么选取哪些拟合指数作为检验模型的标准呢？Marsh 等人（1996）[204] 将拟合指数分为三大类，分别是绝对适配指数、相对适配指数和简约适配指数。根据温忠麟、侯杰泰等人（2004）[205] 和吴明隆[206] 的建议，本文选取以下几个指标作为结构方程模型的拟合指数。

（1）渐进残差均方和平方根（RMSEA）——绝对适配指数

RMSEA 是一种不需要基准线模型的绝对性指标，由于考虑了自由度，又不易受样本数多寡的影响，通常被认为是最重要的适配指标信息，该值越小，表示模型的适配度越佳。一般情况下，该值小于 0.05 表示模型适配良好，介于 0.05 到 0.08 之间表示模型适配合理，而大于 0.1 则表示模型适配欠佳。

（2）适配指数（GFI）——绝对适配指数

GFI 是指观察矩阵中的方差与协方差可被复制矩阵预测得到的量，GFI 值越大，说明理论建构复制矩阵能解释样本数据的观察矩阵的变异量越大，两者的契合度越高。GFI 的值介于 0–1 之间，越接近 1 表示模型适配越佳。一般情况下，GFI 值要大于 0.9，才表示模型路径图与实际数据有良好的适配度。

（3）调整后的适配度指数（AGFI）——绝对适配指数

AGFI 为调整后的 GFI，不会受单位影响，同时考虑估计的参数数目与观察变量数，利用假设模型的自由度与模型变量个数的比率来修正 GFI。GFI 值越大，AGFI 的值也越大，一般情况下，AGFI 大于 0.9 表示模型路径图与实际数据有良好的适配度。

（4）比较适配指数（CFI）——相对适配指数

CFI 的含义是在测量从最限制模型到最饱和模型时，非集中参数的改善情形。CFI 的值介于 0–1 之间，当 CFI 大于 0.9 时，认为模型适配良好。

（5）规准适配指数（NFI）——相对适配指数

NFI 反应假设模型与一个假设观察变量间没有任何共变的独立模型的差异程度。NFI 的值介于 0–1 之间，其值越大越好，通常情况下，NFI 大于 0.9 时，认为模型适配良好。

（6）非规准适配指数（TLI）——相对适配指数

TLI 是在 AMOS 中呈现的指标，在 LISREL 中呈现的是 NNFI，代表的是对 NFI 的修正，用来比较两个对立模型之间的适配程度，或是比较所提出的模型对虚无模型之间的适配程度，在 NFI 的基础上考虑了自由度和模型复杂度。TLI 的值介于 0–1 之间，当 TLI 大于 0.9 时，认为模型适配良好。

（7）卡方自由度比（$\chi^2$/df）——简约适配指数

$\chi^2$/df 表示假设模型的协方差矩阵与观察数据的适配程度，$\chi^2$/df 值越小，说明模型越适配。此值小于 1 表示模型过度适配；此值大于 3（相对宽松值为 5）表示模型适配不佳；而当此值介于 1–3 之间，表示模型适配良好。

综上，本文考察的拟合指标包括七个，三个绝对适配指数，分别为 RMSEA、GFI 和 AGFI，三个相对适配指数 CFI、NFI 和 TLI（NNFI），一个简约适配指数 $\chi^2$/df，这七个拟合指数的参考值见表 5–20。

**表 5–20　拟合指数及其参考值**

| 拟合指数 | 参考值 |
|---|---|
| 绝对适配指数 | |
| RMSEA | <0.05 适配良好，<0.08 适配合理 |
| GFI | >0.9 |
| AGFI | >0.9 |
| 相对适配指数 | |

续表

| 拟合指数 | 参考值 |
|---|---|
| CFI | >0.9 |
| NFI | >0.9 |
| TLI（NNFI） | >0.9 |
| 简约适配指数 | |
| $\chi^2/df$ | 1-3 之间表明简约适配程度良好 |

上述拟合指标评价的是模型的整体适配情况，在确保模型拟合尚佳的前提下，还要检验模型的内在质量，即模型的结构效度。结构效度包括聚合效度和区分效度，聚合效度用来检验测量同一变量的题目是否具有较高的相关性；而区分效度则检验测量不同变量的题目是否具有较低的相关性。本文共涉及 7 个量表，需逐一对每个量表进行聚合效度和区分效度检验。另外，除了科研压力源量表和情绪智力量表是多维量表以外，其他量表均为单维量表，所以只需对科研压力源量表和情绪智力量表进行区分效度检验。

聚合效度与区分效度的检验方法参照 Fornell 和 Larcker（1981）[207] 的研究，聚合效度的考察指标为：潜在变量与其相应指标变量的因子载荷（λ）、潜在变量的组合信度（CR）和潜在变量的平均方差抽取量（AVE）。

（1）标准化下的因子载荷（λ）

λ 若达到显著性水平（$P<0.05$，t 的绝对值大于 1.96），则表示指标变量能有效反应出所测量的潜变量，该测量体系具有良好的效度。一般情况下，λ 值需大于 0.5。

（2）潜在变量的组合信度（CR）

CR 主要评价测量同一潜在变量的观测变量的一致性程度，即所有测量指标分享该潜在变量的程度。CR 属于内部一致性指标，CR 越高表明测量变量之间的相关性越高，一般情况下，CR 大于 0.7 表示组合信度良好。

（3）潜在变量的平均方差抽取量（AVE）

AVE 表示相对于测量误差变异量的大小，潜在变量所能解释观测变量变异量的程度，AVE 若大于 0.5，则表示观测变量可以有效的反映潜在变量。

区分效度通过比较每个潜在变量 AVE 的平方根与潜在变量间相关系数的大小来检验。若每个潜在变量 AVE 的平方根都大于潜在变量间的相关系数，则意味着测量不同潜在变量的题目具有较低的相关性，说明区分效度良好。

以下运用验证性因子分析方法逐个检验每个量表的结构效度。

## 一、科研压力源量表

科研压力源量表所对应的模型包括两个潜在变量，第一个潜在变量是挑战性科研压力源，有 6 个观测变量测量，第二个潜在变量是阻碍性科研压力源，有 6 个观测变量测量，模型的拟合结果及相关效度检验指标见表 5–21。

**表 5–21　科研压力源量表的拟合优度及聚合效度分析**

| 潜在变量 | 观测变量 | λ | CR | AVE | 拟合优度 |
|---|---|---|---|---|---|
| 挑战性科研压力源 | 挑压 1 | 0.701 | 0.861 | 0.509 | $\chi^2$/df=2.686<br>RMSEA=0.063<br>GFI=0.946<br>AGFI=0.920<br>CFI=0.958<br>NFI=0.935<br>TLI=0.948 |
| | 挑压 2 | 0.777 | | | |
| | 挑压 3 | 0.727 | | | |
| | 挑压 4 | 0.719 | | | |
| | 挑压 5 | 0.709 | | | |
| | 挑压 6 | 0.642 | | | |
| 阻碍性科研压力源 | 阻压 1 | 0.705 | 0.862 | 0.511 | |
| | 阻压 2 | 0.779 | | | |
| | 阻压 3 | 0.754 | | | |
| | 阻压 4 | 0.623 | | | |
| | 阻压 5 | 0.713 | | | |
| | 阻压 6 | 0.703 | | | |

由表 5–21 可知，该模型的 7 个拟合指数都符合建议的参考值，说明模型具有较好的拟合优度。每个观测变量的值都大于 0.5，CR 和 AVE 的值也满足分别大于 0.7 和 0.5 的标准，说明模型的聚合效度良好。另外，挑战性科研压力源与阻碍性科研压力源的相关系数是 0.575，它们各自 AVE 的平方根是 0.713 和 0.715，均大于相关系数，表明挑战性科研压力源和阻碍性科研压力源是两个不同的构念，维度划分合理，区分效度良好。

## 二、科研绩效量表

科研绩效量表的验证性因子分析结果见表 5–22。$\chi^2$/df 满足相对宽松的条件（<5），其余 6 个拟合指标都满足模型适配标准，科研绩效的 8 个观测变量的 λ 值都大于 0.5，并且科研绩效的 CR 和 AVE 分别大于 0.7 和 0.5，表明量表

具有较好的聚合效度。

**表 5-22 科研绩效量表的拟合优度及聚合效度分析**

| 潜在变量 | 观测变量 | λ | CR | AVE | 拟合优度 |
| --- | --- | --- | --- | --- | --- |
| 科研绩效 | 绩效 1 | 0.615 | 0.889 | 0.502 | $\chi^2$/df=4.875<br>RMSEA=0.072<br>GFI=0.912<br>AGFI=0.901<br>CFI=0.922<br>NFI=0.913<br>TLI=0.920 |
| | 绩效 2 | 0.802 | | | |
| | 绩效 3 | 0.700 | | | |
| | 绩效 4 | 0.674 | | | |
| | 绩效 5 | 0.678 | | | |
| | 绩效 6 | 0.674 | | | |
| | 绩效 7 | 0.788 | | | |
| | 绩效 8 | 0.618 | | | |

## 三、成就动机量表

成就动机量表有 6 个观测变量，它们共同测量成就动机这个潜在变量。如表 5-23 所示，成就动机量表的各项拟合指标都符合模型适配标准，因此可以认为成就动机模型的拟合效果良好。每个观测变量的标准化因子载荷 λ 值大于 0.5，组合信度 CR 大于 0.7，平均方差抽取量 AVE 大于 0.5，所以该量表具有良好的聚合效度。

**表 5-23 成就动机量表的拟合优度及聚合效度分析**

| 潜在变量 | 观测变量 | λ | CR | AVE | 拟合优度 |
| --- | --- | --- | --- | --- | --- |
| 成就动机 | 动机 1 | 0.572 | 0.916 | 0.654 | $\chi^2$/df=3.349<br>RMSEA=0.076<br>GFI=0.925<br>AGFI=0.891<br>CFI=0.953<br>NFI=0.931<br>TLI=0.920 |
| | 动机 2 | 0.822 | | | |
| | 动机 3 | 0.900 | | | |
| | 动机 4 | 0.584 | | | |
| | 动机 5 | 0.958 | | | |
| | 动机 6 | 0.924 | | | |

## 四、科研焦虑量表

科研焦虑量表是单维量表，有 4 个观测变量，由该量表对应模型的验证性因子分析结果如表 5-24 所示：

表 5-24 科研焦虑量表的拟合优度及聚合效度分析

| 潜在变量 | 观测变量 | λ | CR | AVE | 拟合优度 |
|---|---|---|---|---|---|
| 科研焦虑 | 焦虑 1 | 0.781 | 0.802 | 0.505 | $\chi^2$/df=1.872<br>RMSEA=0.04<br>GFI=0.971<br>AGFI=0.932<br>CFI=0.966<br>NFI=0.947<br>TLI=0.907 |
| | 焦虑 2 | 0.657 | | | |
| | 焦虑 3 | 0.761 | | | |
| | 焦虑 4 | 0.633 | | | |

由表 5-24 可知，7 个拟合指标满足模型适配标准，4 个观测变量的 λ 值、CR 和 AVE 都大于各自的最低标准值 0.5、0.7 和 0.5，量表具有良好的聚合效度。

## 五、科研自我效能量表

科研自我效能量表有 5 个测量题目，并且根据理论研究也是单维量表，潜变量科研自我效能对应 5 个观测变量，验证性因子分析结果见表 5-25。由 7 个拟合指标可知，模型的拟合优度良好，聚合效度的衡量指标 λ 值、CR 和 AVE 也都大于各自的标准值，所以量表聚合效度良好。

表 5-25 科研自我效能量表的拟合优度及聚合效度分析

| 潜在变量 | 观测变量 | l | CR | AVE | 拟合优度 |
|---|---|---|---|---|---|
| 科研自我效能 | 效能 1 | 0.666 | 0.842 | 0.516 | $\chi^2$/df=1.086<br>RMSEA=0.014<br>GFI=0.995<br>AGFI=0.985<br>CFI=0.999<br>NFI=0.993<br>TLI=0.912 |
| | 效能 2 | 0.728 | | | |
| | 效能 3 | 0.785 | | | |
| | 效能 4 | 0.686 | | | |
| | 效能 5 | 0.720 | | | |

## 六、情绪智力量表

情绪智力量表包括四个维度，每个维度 4 个测量指标。该量表对应的模型有 4 个潜变量，分别是自我情绪评估、他人情绪评估、情绪管理和情绪利用，每个潜变量有 4 个测量变量，验证性因子分析结果如表 5-26 所示。

**表 5-26　情绪智力量表的拟合优度及聚合效度分析**

| 潜在变量 | 观测变量 | λ | CR | AVE | 拟合优度 |
|---|---|---|---|---|---|
| 自我情绪评估 | 自评 1 | 0.821 | 0.852 | 0.591 | $\chi^2$/df=4.135<br>RMSEA=0.086<br>GFI=0.912<br>AGFI=0.902<br>CFI=0.925<br>NFI=0.904<br>TLI=0.908 |
| | 自评 2 | 0.733 | | | |
| | 自评 3 | 0.749 | | | |
| | 自评 4 | 0.770 | | | |
| 他人情绪评估 | 他评 1 | 0.611 | 0.862 | 0.613 | |
| | 他评 2 | 0.785 | | | |
| | 他评 3 | 0.854 | | | |
| | 他评 4 | 0.856 | | | |
| 情绪管理 | 管理 1 | 0.780 | 0.900 | 0.694 | |
| | 管理 2 | 0.859 | | | |
| | 管理 3 | 0.837 | | | |
| | 管理 4 | 0.853 | | | |
| 情绪利用 | 利用 1 | 0.711 | 0.862 | 0.610 | |
| | 利用 2 | 0.759 | | | |
| | 利用 3 | 0.848 | | | |
| | 利用 4 | 0.799 | | | |

由表 5-26 可知，情绪智力量表的各项拟合指标都符合模型适配标准，4 个潜变量的 CR 和 AVE 均大于各自需满足的最低标准值 0.7 和 0.5，16 个观测变量与对应的潜变量的标准化因子载荷都大于 0.5，所以该量表具有较好的聚合效度。由于情绪智力量表是有 4 个潜变量，所以需要检验区分效度。如表 5-27 所示，对角线上的粗体字是各潜变量 AVE 的平方根，其他数字为潜变量间的相关系数，由结果可知，潜变量间的相关系数小于相应的 AVE 的平方根，因此量表的区分效度良好。

**表 5-27　情绪智力量表的区分效度分析**

| 潜变量 | λ | 2 | 3 | 4 |
|---|---|---|---|---|
| 自我情绪评估 | **0.769** | | | |
| 他人情绪评估 | 0.475 | **0.783** | | |
| 情绪管理 | 0.435 | 0.670 | **0.833** | |
| 情绪利用 | 0.433 | 0.585 | 0.610 | **0.781** |

### 七、学术氛围量表

学术氛围量表是单维量表，有6个观测变量。如表5-28可知，7个拟合指标满足模型适配标准，6个观测变量的λ值、CR和AVE都大于各自的最低标准值0.5、0.7和0.5，量表具有良好的聚合效度。

表5-28　学术氛围量表的拟合优度及聚合效度分析

| 潜在变量 | 观测变量 | λ | CR | AVE | 拟合优度 |
|---|---|---|---|---|---|
| 学术氛围 | 氛围1 | 0.725 | 0.875 | 0.534 | $\chi^2$/df=3.068<br>RMSEA=0.070<br>GFI=0.979<br>AGFI=0.952<br>CFI=0.983<br>NFI=0.975<br>TLI=0.972 |
| | 氛围2 | 0.761 | | | |
| | 氛围3 | 0.761 | | | |
| | 氛围4 | 0.724 | | | |
| | 氛围5 | 0.718 | | | |
| | 氛围6 | 0.708 | | | |

综上，7个量表均具有良好的信度和效度，适合进行后续的研究假设验证。

## 5.5　结构方程模型分析

本研究运用结构方程模型（structural equation modeling，SEM）方法分析科研压力源对科研绩效的直接效应和中介效应。结构方程模型整合了因素分析和路径分析两种统计学方法，可以同时检验模型中显变量与潜变量的关系，获得自变量对因变量的直接影响、间接影响和总影响效果。为了合理、有效的检验两种类型科研压力源对科研绩效的直接影响，本研究首先构造了科研压力源对科研绩效的直接影响模型，即以挑战性与阻碍性科研压力源为自变量，以科研绩效为因变量，以检验假设H1和H2。然后，构建了以两种类型科研压力源为自变量，以成就动机和科研焦虑为中介变量，以科研绩效为因变量的科研压力源对科研绩效的中介机制，以检验假设H3-H12。

## 5.5.1 科研压力源对科研绩效的直接作用分析

图 5-1 构造了两种类型的科研压力源对科研绩效的直接影响模型。模型中包括两个外因潜变量和一个内因潜变量，外因潜变量挑战性科研压力源和阻碍性科研压力源各有 6 个观测变量，内因潜变量科研绩效有 8 个观测变量。增列完误差项和两个外因潜变量的相关关系后，运用 AMOS 19 计算得到的模型整体拟合情况为：$\chi^2/df=2.227$、RMSEA=0.063、GFI=0.958、AGFI=0.907、CFI=0.945、NFI=0.949、TLI=0.910，符合模型适配标准，模型拟合良好。

挑战性科研压力源对科研绩效的标准化路径系数为 0.47（$p<0.001$），阻碍性科研压力源对科研绩效的标准化路径系数为 –0.31（$p<0.001$），表明挑战性科研压力源与科研绩效显著正相关，而阻碍性科研压力源与科研绩效显著负相关，假设 H1 和 H2 得到验证。

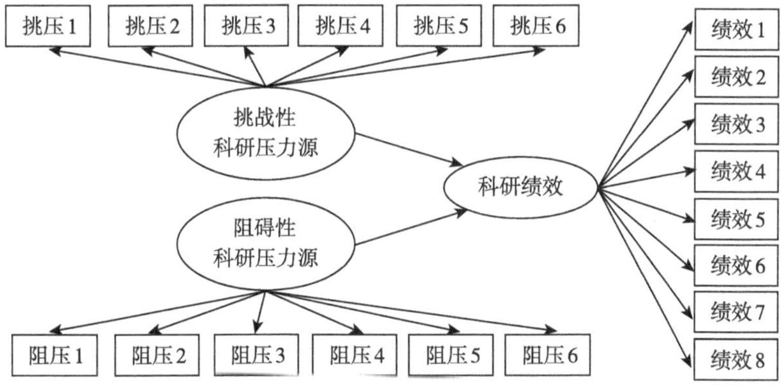


**图 5-1　科研压力源对科研绩效的直接影响模型**

## 5.5.2 科研压力源对科研绩效的中介机制分析

研究结果虽然表明两种类型的科研压力源对科研绩效存在差异性的影响，但是这种差异性的影响是如何产生的，仅通过直接作用分析是不得而知的，因此需要进一步挖掘挑战性与阻碍性科研压力源对科研绩效的作用机理，经过理论梳理，本研究构造了如图 5-2 所示的研究模型。

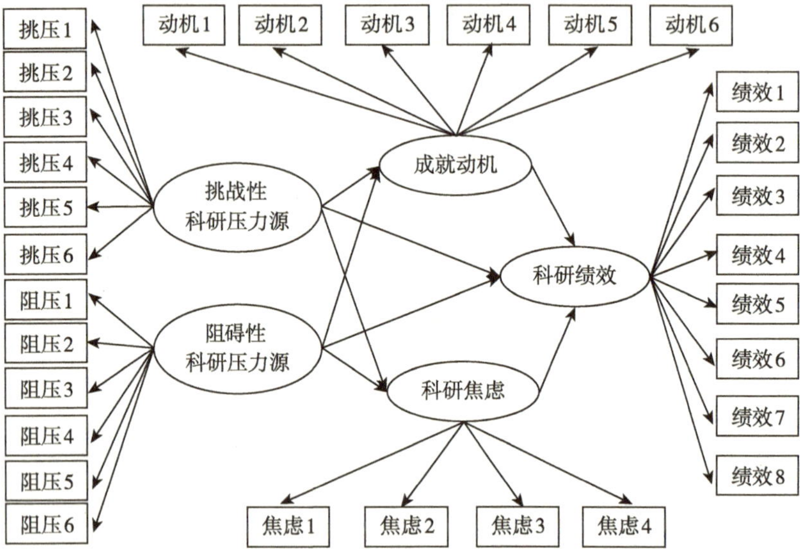


**图 5-2　科研压力源对科研绩效的中介机制模型**

上述模型的拟合结果为：$\chi^2$/df=2.823、RMSEA=0.076、GFI=0.925、AGFI=0.913、CFI=0.922、NFI=0.929、TLI=0.905，7 个指标均符合模型适配参考值，所以模型拟合效果良好。5 个潜变量间的标准化路径系数见表 5-29。

**表 5-29　标准化路径系数及其显著性水平**

| 路径 | 标准化路径系数 | 显著性 |
| --- | --- | --- |
| 挑战性科研压力源→成就动机 | 0.31*** | 显著 |
| 阻碍性科研压力源→成就动机 | -0.16* | 显著 |
| 成就动机→科研绩效 | 0.76*** | 显著 |
| 挑战性科研压力源→科研焦虑 | 0.65*** | 显著 |
| 阻碍性科研压力源→科研焦虑 | 0.35** | 显著 |
| 科研焦虑→科研绩效 | -0.46*** | 显著 |
| 挑战性科研压力源→科研绩效 | 0.54*** | 显著 |
| 阻碍性科研压力源→科研绩效 | $-0.04^{NS}$ | 不显著 |

注：*、**、*** 和 NS 分别表示显著性水平为 0.05、0.01、0.001 和不显著。

路径“挑战性科研压力源→成就动机”的标准化路径系数为 0.31（p<0.001），表明挑战性科研压力源显著正向影响成就动机，假设 H3 得到验证；路径“阻碍性科研压力源→成就动机”的标准化路径系数为 -0.16（p<0.05），表明阻碍性科研压力源显著负向影响成就动机，假设 H4 得到验证；

路径“成就动机→科研绩效”的标准化路径系数为 0.76（$p<0.001$），表明成就动机对科研绩效有显著正向影响，假设 H5 得到验证；路径“挑战性科研压力源→科研焦虑”的标准化路径系数为 0.65（$p<0.001$），表明挑战性科研压力源显著正向影响科研焦虑，假设 H8 得到验证；路径“阻碍性科研压力源→科研焦虑”的标准化路径系数为 0.35（$p<0.01$），表明阻碍性科研压力源显著正向影响科研焦虑，假设 H9 得到验证；路径“科研焦虑→科研绩效”的标准化路径系数为 –0.46（$p<0.001$），表明科研焦虑对科研绩效有显著负向影响，假设 H10 得到验证。

综上，开拓性假设两种类型的科研压力源与成就动机的关系 H3 和 H4 得到验证，验证性假设成就动机和科研焦虑与科研绩效的关系 H5 和 H10，以及两种类型的科研压力源与科研焦虑的关系 H8 和 H9 也得到验证。

在中介机制研究模型中，挑战性科研压力源对科研绩效的正向影响仍然显著，标准化路径系数为 0.54，显著性水平为 0.001，相比直接影响模型（0.47），这个路径系数增大了。通常情况下，中介变量的出现，会使原有的路径系数减小，但是这一结论的存在有一个前提条件，即中介效应值与总效应值符号相同。而本研究的两个中介变量，成就动机的中介效应是正向的（$0.31 \times 0.76=0.2356$），科研焦虑的中介效应是负向的（$-0.46 \times 0.65=-0.299$），且科研焦虑中介效应的绝对值大于成就动机中介效应的绝对值，所以会出现本研究的结果。阻碍性科研压力源对科研绩效的负向影响未达到统计学意义上的显著水平，标准化路径系数为 –0.04。相比直接影响模型，路径“阻碍性科研压力源→科研绩效”的标准化路径系数由 –0.31（$p<0.001$）变为 –0.04（$p>0.05$），表明中介变量成就动机和科研焦虑在其中起到了减小原来路径系数的作用。接下来本研究将继续验证这四条中介路径的显著性。

即使研究结果表明一条中介路径的两条直接路径都显著，该中介路径也不一定显著。例如，虽然挑战性科研压力源对成就动机的标准化路径系数显著，同时，成就动机对科研绩效的标准化路径系数也显著，但是不能简单的认为路径“挑战性科研压力源→成就动机→科研绩效”显著。检验中介效应的方法有很多，本文采用一种常用的检验方法，即 MacKinnon 等人（2002）[208] 推荐的系数乘积项法，该方法通过构造 Z 统计量，对中介路径进行 Sobel 检验。Sobel 检验需用到的变量为中介变量对自变量的回归系数 a 及 a 的标准误 Sa，和因变量对中介变量的回归系数 b 及 b 的标准误 Sb，其中 a 和 b 均为非标准化系数，计算公式如下：

$$z = ab / \sqrt{a^2 {S_b}^2 + b^2 {S_a}^2} \qquad \text{（公式 5-1）}$$

中介作用检验中涉及的六条直接路径分别对应的非标准化路径系数和标准误见表 5-30，Sobel 检验结果如表 5-31 所示。

**表 5-30　六条直接路径的非标准化路径系数和标准误**

| 路径 | 非标准化下路径系数 | 标准误 |
|---|---|---|
| 挑战性科研压力源→成就动机 | 0.346 | 0.106 |
| 阻碍性科研压力源→成就动机 | −0.142 | 0.084 |
| 成就动机→科研绩效 | 0.716 | 0.071 |
| 挑战性科研压力源→科研焦虑 | 0.596 | 0.087 |
| 阻碍性科研压力源→科研焦虑 | 0.257 | 0.057 |
| 科研焦虑→科研绩效 | −0.531 | 0.148 |

**表 5-31　中介效应的 Sobel 检验结果**

| 路径 | 中介效应值 | Sobel 值 | 单尾检验 P 值 | 双尾检验 P 值 | 显著性 |
|---|---|---|---|---|---|
| 挑战性科研压力源→成就动机→科研绩效 | 0.236 | 3.106 | 0.001 | 0.002 | 显著 |
| 阻碍性科研压力源→成就动机→科研绩效 | −0.122 | −1.667 | 0.047 | 0.095 | 显著 |
| 挑战性科研压力源→科研焦虑→科研绩效 | −0.299 | −3.178 | 0.001 | 0.001 | 显著 |
| 阻碍性科研压力源→科研焦虑→科研绩效 | −0.161 | −2.807 | 0.002 | 0.005 | 显著 |

挑战性科研压力源通过成就动机对科研绩效产生的中介效应值为 0.236（0.31 × 0.76），经过 Sobel 检验发现，Sobel 值为 3.106，双尾显著性水平 $p<0.01$，表明中介路径“挑战性科研压力源→成就动机→科研绩效”显著，且为正向影响，假设 H6 得到验证；阻碍性科研压力源通过成就动机对科研绩效产生的中介效应值为 −0.122（−0.16 × 0.76），经过 Sobel 检验发现，Sobel 值为 −1.667，双尾检验未达到 0.05 的显著性水平，但是单尾检验达到了 0.05 的显著性水平，依据相对宽松的检验标准，中介路径“阻碍性科研压力源→成就

动机→科研绩效”显著，且为负向影响，假设 H7 得到验证；挑战性科研压力源通过科研焦虑对科研绩效产生的中介效应值为 -0.299（-0.46×0.65），经过 Sobel 检验发现，Sobel 值为 -3.178，双尾显著性水平 $p<0.01$，表明中介路径“挑战性科研压力源→科研焦虑→科研绩效”显著，且为负向影响，假设 H11 得到验证；阻碍性科研压力源通过科研焦虑对科研绩效产生的中介效应值为 -0.161（-0.46×0.35），经过 Sobel 检验发现，Sobel 值为 -2.807，双尾显著性水平 $p<0.01$，表明中介路径“阻碍性科研压力源→科研焦虑→科研绩效”显著，且为负向影响，假设 H12 得到验证。

由上述分析可知，挑战性科研压力源经由成就动机对科研绩效产生显著的正向影响，经由科研焦虑对科研绩效产生显著的负向影响，阻碍性科研压力源通过成就动机和科研焦虑均对科研绩效有显著的负向影响，假设 H6、H7、H11 和 H12 得到支持，表明成就动机和科研焦虑在挑战性与阻碍性科研压力源与科研绩效的关系中起到了显著的中介作用。

综上，本研究关于科研压力源对科研绩效直接作用和中介机制共提出了 12 个假设，经由结构方程模型方法和 Sobel 检验，12 个假设均得到验证，具体情况见表 5-32。

**表 5-32 科研压力源对科研绩效直接作用和中介机制的假设验证结果**

| 假设编号 | 假设内容 | 检验结果 |
|---|---|---|
| H1 | 挑战性科研压力源对科研绩效有正向影响。 | 支持 |
| H2 | 阻碍性科研压力源对科研绩效有负向影响。 | 支持 |
| H3 | 挑战性科研压力源对成就动机有正向影响。 | 支持 |
| H4 | 阻碍性科研压力源对成就动机有负向影响。 | 支持 |
| H5 | 成就动机对科研绩效有正向影响。 | 支持 |
| H6 | 挑战性科研压力源通过成就动机的中介作用对科研绩效有正向影响。 | 支持 |
| H7 | 阻碍性科研压力源通过成就动机的中介作用对科研绩效有负向影响。 | 支持 |
| H8 | 挑战性科研压力源对科研焦虑有正向影响。 | 支持 |
| H9 | 阻碍性科研压力源对科研焦虑有正向影响。 | 支持 |
| H10 | 科研焦虑对科研绩效有负向影响。 | 支持 |
| H11 | 挑战性科研压力源通过科研焦虑的中介作用对科研绩效有负向影响。 | 支持 |
| H12 | 阻碍性科研压力源通过科研焦虑的中介作用对科研绩效有负向影响。 | 支持 |

## 5.6 阶层多元回归分析

本研究引入了三个调节变量来分析挑战性与阻碍性科研压力源对科研绩效的权变影响，采用的方法为阶层多元回归分析方法（Hierarchical Multiple Regression），使用的统计分析软件为SPSS 19。阶层多元回归分析采用三步法，第一步将控制变量纳入回归方程，第二步将自变量和调节变量纳入回归方程，第三步将交互项纳入回归方程。Aiken 和 West（1991）[209]指出，在检验调节效应之前，需将自变量和调节变量进行中心化处理，以避免共线性问题。

另外，本研究选取性别、年龄、职称和学校类型四个变量作为控制变量，由于这四个变量为间断变量，所以在纳入回归模型之前应转化为虚拟变量（Dummy Variable），以使间断变量具备连续变量的特征。虚拟变量的转换方法为：如果间断变量有 K 个水平，则需要 K-1 个虚拟变量。就性别而言，原始数据中1代表男性、2代表女性，只有两个水平，所以需要1（2-1）个虚拟变量，若以男性为参照组，则把男性重新编码为0，女性编码为1，虚拟变量的含义为“女性与男性的对比”。再以年龄为例，本研究将年龄分为四个水平，1代表30岁及以下、2代表31-40岁之间、3代表41-50岁之间、4代表51岁以上，需要3（4-1）个虚拟变量，以41-50岁为参照组，虚拟变量1为“30岁及以下&41-50岁”、虚拟变量2为“31-40岁&41-50岁”、虚拟变量3为“51岁及以上&41-50岁”。具体的转换情况见表5-33。

**表 5-33　虚拟变量转化结果**

| 控制变量 | 类别 | 虚拟变量 | | |
|---|---|---|---|---|
| | | 女性 & 男性 | | |
| 性别 | 男 # | 0 | | |
| | 女 | 1 | | |
| | | 30 及以下 &41-50 | 31-40&41-50 | 51 及以上 &41-50 |
| 年龄 | 30 岁及以下 | 1 | 0 | 0 |
| | 31-40 岁 | 0 | 1 | 0 |
| | 41-50 岁 # | 0 | 0 | 0 |
| | 51 岁及以上 | 0 | 0 | 1 |

续表

| 控制变量 | 类别 | 虚拟变量 | | |
|---|---|---|---|---|
| | | 助教 & 讲师 | 副教授 & 讲师 | 教授 & 讲师 |
| 职称 | 助教 | 1 | 0 | 0 |
| | 讲师 # | 0 | 0 | 0 |
| | 副教授 | 0 | 1 | 0 |
| | 教授 | 0 | 0 | 1 |
| | | 985、211& 一般 | | |
| 学校类型 | 985 或 211 | 1 | | |
| | 一般本科 # | 0 | | |

注：# 表示设定的参照组

### 5.6.1 科研自我效能的调节作用

科研自我效能调节效应的检验过程包括三步：第一步把控制变量性别、年龄、职称和学校类型相应的虚拟变量纳入回归方程，以检验控制变量对科研绩效的影响；第二步把自变量挑战性科研压力源和阻碍性科研压力源，以及调节变量科研自我效能纳入回归方程，以检验主效应的影响；第三步将自变量与调节变量的乘积项“挑战性科研压力源 × 科研自我效能”（简称“挑压 × 效能”）和“阻碍性科研压力源 × 科研自我效能”（简称“阻压 × 效能”）纳入回归方程，以检验科研自我效能的调节效应。具体的分析结果见表 5–34。

**表 5–34　科研自我效能调节效应的阶层多元回归分析结果**

| 变量 | | 科研绩效 | | |
|---|---|---|---|---|
| | | 第一步 | 第二步 | 第三步 |
| 控制变量 | 女性 & 男性 | –0.119* | –0.076 | –0.079 |
| | 30 及以下 &41–50 | –0.287** | –0.177 | –0.157 |
| | 31–40&41–50 | –0.095 | –0.068 | –0.089 |
| | 51 及以上 &41–50 | 0.095 | 0.024 | –0.009 |
| | 助教 & 讲师 | –0.165 | –0.055 | –0.014 |
| | 副教授 & 讲师 | 0.075 | 0.125 | 0.134 |
| | 教授 & 讲师 | 0.282** | 0.221** | 0.207** |
| | 985、211& 一般 | 0.103* | 0.085 | 0.044 |

续表

| 变量 | | 科研绩效 | | |
|---|---|---|---|---|
| | | 第一步 | 第二步 | 第三步 |
| 主效应 | 挑战性科研压力源 | | 0.188*** | 0.039 |
| | 阻碍性科研压力源 | | -0.091* | -0.097 |
| | 科研自我效能 | | 0.318*** | 0.157*** |
| 调节效应 | 挑压 × 效能 | | | 0.355*** |
| | 阻压 × 效能 | | | 0.157*** |
| $R^2$ | | 0.060 | 0.239 | 0.355 |
| $\triangle R^2$ | | | 0.179*** | 0.116*** |

首先分析控制变量对科研绩效的影响，由第一步可知，代表性别的虚拟变量对科研绩效有显著的负向影响，表明相比男教师而言，女教师的科研绩效较低。在三个代表年龄的虚拟变量中：虚拟变量“30 及以下 &41-50”对科研绩效的影响显著且呈负相关关系，表明相比 41-50 岁的教师，30 岁及其以下的教师科研绩效较低；另两个虚拟变量“31-40&41-50”和“51 及以上 &41-50”对科研绩效的影响不显著，说明相比 41-50 岁的教师，31-40 岁和 51 岁及其以上的教师对科研绩效的差异性不大。在代表职称的三个虚拟变量中：“助教 & 讲师”对科研绩效的影响为负，但未达到显著性水平，说明讲师和助教对科研绩效的影响差异性不大；“副教授 & 讲师”对科研绩效的影响为正，但未达显著性水平，表明与讲师相比，副教授高出的科研绩效不显著；“教授 & 讲师”对科研绩效具有显著的正向影响，表明相比讲师，教授的科研绩效较高。代表学校类型的虚拟变量“985、211& 一般”对科研绩效的正向影响显著，表明相比一般院校，985 和 211 高校的教师科研绩效水平较高。

其次，检验主效应的影响。由第二步可知，挑战性科研压力源对科研绩效有显著的正向影响（$\beta=0.188$，$p<0.001$）；阻碍性科研压力源对科研绩效有显著的负向影响（$\beta=-0.091$，$p<0.05$）；以及科研自我效能对科研绩效有显著的正向影响（$\beta=0.318$，$p<0.001$），均与最初的假设相符。

最后，检验科研自我效能的调节效应。观察第三步可知，“挑压 × 效能”对科研绩效的影响为 0.355（$p<0.001$），“阻压 × 效能”对科研绩效的影响为 0.157（$p<0.001$），表明科研自我效能在两种类型科研压力源与科研绩效之间的关系中起正向调节作用，假设 H13 和 H14 得到验证。另外，对比第二步和第三

步可以发现，两个乘积项共同解释了 11.6% 的方差变异量，△ R2 显著，也支持假设 H13 和 H14。从标准化路径系数上看，“挑压 × 效能”的路径系数大于“阻压 × 效能”的路径系数（0.355>0.157），表明科研自我效能对挑战性科研压力源与科研绩效之间关系的正向调节作用大于对阻碍性科研压力源与科研绩效之间关系的正向调节作用。

为了直观的展示科研自我效能的调节作用，本研究以科研自我效能的均值为基准，按均值加减一个标准差进行分组，将样本分为两组，一组是高科研自我效能组，另一组是低科研自我效能组，科研自我效能的调节效果见图 5–3 和图 5–4。

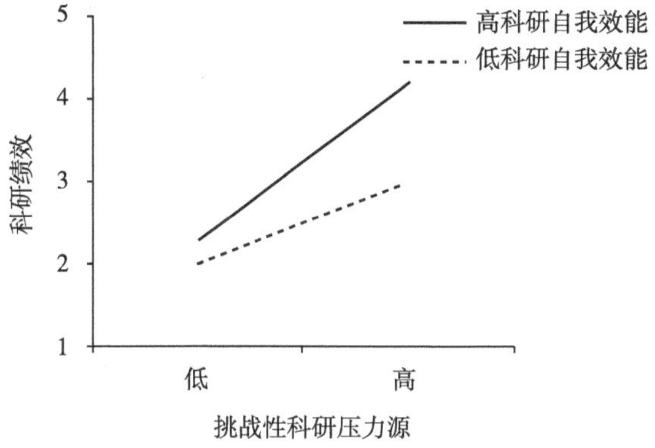


**图 5–3　科研自我效能对挑战性科研压力源与科研绩效之间关系的调节作用**

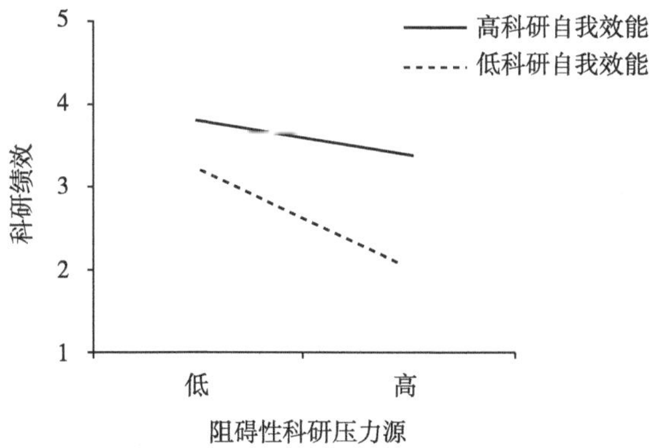


**图 5–4　科研自我效能对阻碍性科研压力源与科研绩效之间关系的调节作用**

图 5–3 展示了科研自我效能在挑战性科研压力源与科研绩效之间的调节作用，相比低科研自我效能组，高科研自我效能组的直线更陡峭，说明挑战性

科研压力源对科研绩效的正向影响更强，科研自我效能起到了正向调节作用。图 5-4 展示了科研自我效能在阻碍性科研压力源与科研绩效之间关系的调节作用，虽然两组数据均显示阻碍性科研压力源与科研绩效负相关，但是相比低科研自我效能组，高科研自我效能组的直线更平缓，表明科研自我效能可以抵消一部分阻碍性科研压力源的负面影响，起到了正向调节作用。

## 5.6.2 情绪智力的调节作用

情绪智力调节效应的检验过程也分为三步：第一步把控制变量性别、年龄、职称和学校类型相应的虚拟变量纳入回归方程；第二步把自变量挑战性科研压力源和阻碍性科研压力源，以及调节变量情绪智力纳入回归方程；第三步将自变量与调节变量的乘积项“挑战性科研压力源 × 情绪智力”（简称“挑压 × 情绪智力”）和“阻碍性科研压力源 × 情绪智力”（简称“阻压 × 情绪智力”）纳入回归方程。具体的分析结果见表 5-35。

**表 5-35 情绪智力调节效应的阶层多元回归分析结果**

| 变量 | | 科研绩效 | | |
|---|---|---|---|---|
| | | 第一步 | 第二步 | 第三步 |
| 控制变量 | 女性 & 男性 | -0.119* | -0.084 | -0.052 |
| | 30 及以下 &41-50 | -0.287** | -0.224* | -0.210* |
| | 31-40&41-50 | -0.095 | -0.100 | -0.109 |
| | 51 及以上 &41-50 | 0.095 | 0.015 | -0.023 |
| | 助教 & 讲师 | -0.165 | -0.071 | -0.044 |
| | 副教授 & 讲师 | 0.075 | 0.104 | 0.103 |
| | 教授 & 讲师 | 0.282** | 0.238** | 0.228** |
| | 985、211& 一般 | 0.103* | 0.076 | 0.058 |
| 主效应 | 挑战性科研压力源 | | 0.227*** | 0.132** |
| | 阻碍性科研压力源 | | -0.089* | -0.067 |
| | 情绪智力 | | 0.234*** | 0.145** |
| 调节效应 | 挑压 × 情绪智力 | | | 0.145** |
| | 阻压 × 情绪智力 | | | 0.222*** |
| $R^2$ | | 0.060 | 0.202 | 0.274 |
| $\Delta R^2$ | | | 0.142*** | 0.072*** |

由于第一步都是检验控制变量的影响，所以同科研自我效能第一步的分析结果相同，在这里不做赘述。第二步检验的是主效应的影响，挑战性科研压力源对科研绩效有显著的正向影响（β=0.227，$p<0.001$）；阻碍性科研压力源对科研绩效有显著的负向影响（β=-0.089，$p<0.05$）；以及情绪智力对科研绩效有显著的正向影响（β=0.234，$p<0.001$），均与最初的假设相符。

第三步检验的是情绪智力的调节效应。由研究结果可知，“挑压 × 情绪智力”对科研绩效的影响为 0.145（$p<0.01$），“阻压 × 情绪智力”对科研绩效的影响为 0.222（$p<0.001$），另外，对比第二步和第三步可以发现，两个乘积项共同解释了 7.2% 的方差变异量，△ R2 显著，表明情绪智力在两种类型科研压力源与科研绩效之间的关系中起正向调节作用，假设 H15 和 H16 得到验证。另外，从标准化路径系数上看，“挑压 × 情绪智力”的路径系数小于“阻压 × 情绪智力”的路径系数（0.145<0.222），表明情绪智力对挑战性科研压力源与科研绩效的正向调节作用小于对阻碍性科研压力源与科研绩效的正向调节作用。

为了直观的展示情绪智力的调节作用，本研究以情绪智力的均值为基准，按均值加减一个标准差进行分组，将样本分为两组，一组是高情绪智力组，另一组是低情绪智力组，情绪智力的调节效果见图 5-5 和图 5-6。

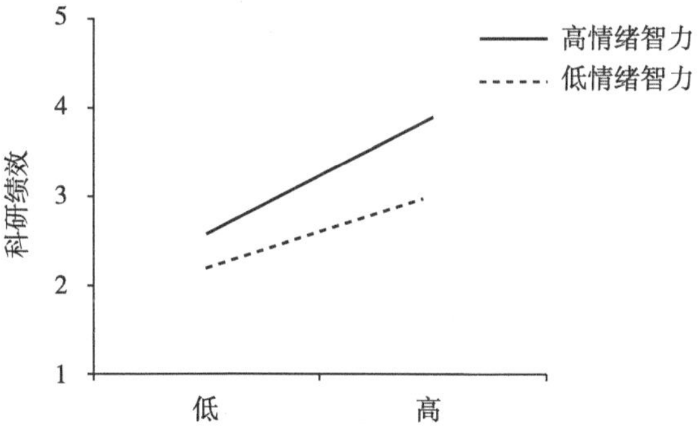


**图 5-5 情绪智力对挑战性科研压力源与科研绩效之间关系的调节作用**

如图 5-5 所示，高情绪智力组比低情绪智力组的直线陡峭，说明高情绪智力组中挑战性科研压力源对科研绩效的正向影响更强，即情绪智力对挑战性科研压力源与科研绩效的关系起到了正向调节作用。图 5-6 展示了情绪智力对阻碍性科研压力源与科研绩效之间关系的调节作用，低情绪智力组中阻碍性科研压力源与科研绩效负相关，阻碍性科研压力源越高，科研绩效越低。而高情绪智力组中阻碍性科研压力源与科研绩效正相关，阻碍性科研压力源越高，科研绩效越高。这充分表明情绪智力能从根本上调节阻碍性科研压力源与科研绩效的关系，随着情绪智力水平的提高，阻碍性科研压力源与科研绩效的关系由负向变为正向。

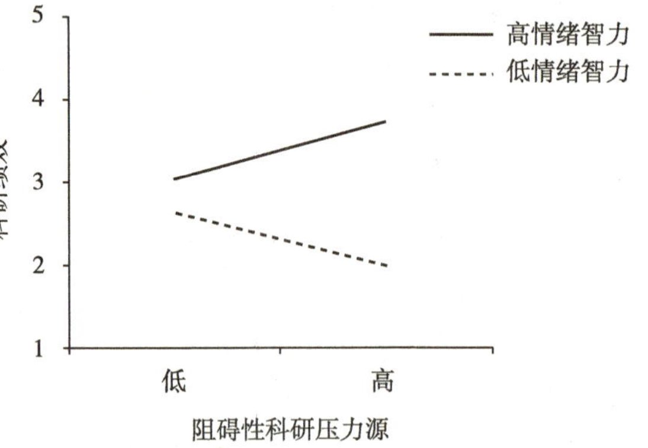


**图 5-6　情绪智力对阻碍性科研压力源与科研绩效之间关系的调节作用**

## 5.6.3 学术氛围的调节作用

学术氛围调节效应的检验过程为：第一步把控制变量性别、年龄、职称和学校类型相应的虚拟变量纳入回归方程；第二步把自变量挑战性科研压力源和阻碍性科研压力源，以及调节变量学术氛围纳入回归方程；第三步将自变量与调节变量的乘积项“挑战性科研压力源 × 学术氛围”（简称“挑压 × 学术氛围”）和“阻碍性科研压力源 × 学术氛围”（简称“阻压 × 学术氛围”）纳入回归方程，以检验学术氛围的调节效应。具体的分析结果见表 5-36。

**表 5-36　学术氛围调节效应的阶层多元回归分析结果**

| 变量 | | 科研绩效 | | |
|---|---|---|---|---|
| | | 第一步 | 第二步 | 第三步 |
| 控制变量 | 女性 & 男性 | -0.119* | -0.093* | -0.098* |
| | 30 及以下 &41-50 | -0.287** | -0.241* | -0.214* |
| | 31-40&41-50 | -0.095 | -0.072 | -0.091 |
| | 51 及以上 &41-50 | 0.095 | 0.050 | 0.010 |
| | 助教 & 讲师 | -0.165 | -0.090 | -0.044 |

续表

| 变量 | | 科研绩效 | | |
|---|---|---|---|---|
| | | 第一步 | 第二步 | 第三步 |
| | 副教授 & 讲师 | 0.075 | 0.105 | 0.130 |
| | 教授 & 讲师 | 0.282** | 0.263** | 0.258** |
| | 985、211& 一般 | 0.103* | 0.081 | 0.108* |
| 主效应 | 挑战性科研压力源 | | 0.268*** | 0.178*** |
| | 阻碍性科研压力源 | | –0.133** | –0.104* |
| | 学术氛围 | | 0.107* | 0.027 |
| 调节效应 | 挑压 × 学术氛围 | | | 0.071 |
| | 阻压 × 学术氛围 | | | 0.307*** |
| $R^2$ | | 0.060 | 0.161 | 0.248 |
| $\triangle R^2$ | | | 0.101*** | 0.087*** |

首先检验挑战性科研压力源、阻碍性科研压力源和学术氛围对科研绩效的主效应，由第二步可知，挑战性科研压力源对科研绩效有显著的正向影响（β=0.268，p<0.001）；阻碍性科研压力源对科研绩效有显著的负向影响（β=–0.133，p<0.01）；以及学术氛围对科研绩效有显著的正向影响（β=0.107，p <0.05），均与最初的假设相符。

其次检验学术氛围的调节效应。观察第三步可知，“挑压 × 学术氛围”对科研绩效的影响为 0.071（p>0.05），“阻压 × 学术氛围”对科研绩效的影响为 0.307（p<0.001），表明学术氛围在阻碍性科研压力源与科研绩效之间的关系中起显著的正向调节作用，而在挑战性科研压力源与科研绩效之间的关系中的正向调节作用未达显著性水平，因此假设 H18 得到验证，而假设 H17 未得到验证。虽然对比第二步和第三步可以发现，两个乘积项共同解释了 8.7% 的方差变异量，△ R2 显著，但是这个贡献主要源于“阻压 × 学术氛围”，说明学术氛围的调节作用主要体现在减少阻碍性科研压力源对科研绩效的负向影响。

为了直观的展示学术氛围对阻碍性科研压力源与科研绩效之间关系的调节作用，本研究以学术氛围的均值为基准，按均值加减一个标准差进行分组，将样本分为两组，一组是高学术氛围组，另一组是低学术氛围组，学术氛围的调节效果见图 5–7。两组数据均表明阻碍性科研压力源与科研绩效负相关，但是低学术氛围组的倾斜程度更明显，说明随着高校学术氛围的提高，阻碍性科研压力源对科研绩效的负相关关系得到了一定程度的缓解。

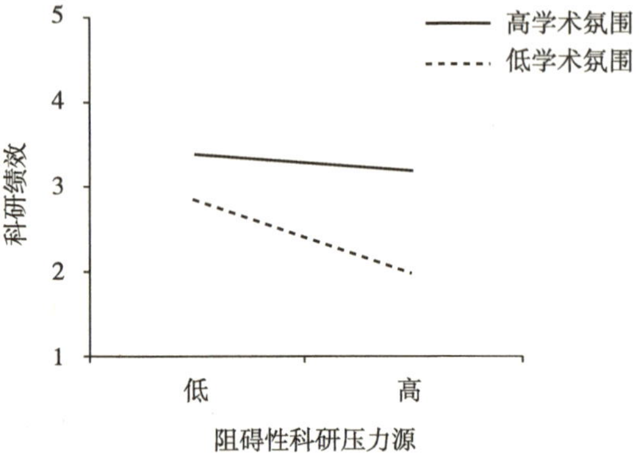


**图 5-7 学术氛围对阻碍性科研压力源与科研绩效之间关系的调节作用**

综上，科研自我效能、情绪智力和学术氛围在两种类型的科研压力源与科研绩效的关系中所起的调节作用各不相同。就挑战性科研压力源与科研绩效的关系而言，科研自我效能和情绪智力起到了显著的正向调节作用，即随着教师科研自我效能的提高或情绪智力水平的提高，挑战性科研压力源对科研绩效的正向影响更强；而学术氛围在挑战性科研压力源与科研绩效的关系中并未起到显著的正向调节作用。就阻碍性科研压力源与科研绩效的关系而言，科研自我效能、情绪智力和学术氛围均起到了显著的正向调节作用，即随着三个调节变量的提高，阻碍性科研压力源对科研绩效的负向影响能得到缓解。其中，情绪智力从根本上改变了两者的关系，使两者的关系由负变为正；而科研自我效能和学术氛围只是起到了抵消部分负向影响的作用，没有从根本上改变两者的关系。

换个角度讲，科研自我效能和情绪智力可以同时正向调节挑战性与阻碍性科研压力源与科研绩效的关系，而学术氛围只能正向调节阻碍性科研压力源与科研绩效的关系。本研究关于科研压力源对科研绩效调节机制的 6 个假设的验证情况见表 5-37。除了 H17 以外，其他假设均得到数据的支持。

**表 5-37 科研压力源对科研绩效调节机制的假设验证结果**

| 假设编号 | 假设内容 | 检验结果 |
| --- | --- | --- |
| H13 | 科研自我效能正向调节挑战性科研压力源与科研绩效的关系。 | 支持 |
| H14 | 科研自我效能正向调节阻碍性科研压力源与科研绩效的关系。 | 支持 |
| H15 | 情绪智力正向调节挑战性科研压力源与科研绩效的关系。 | 支持 |

续表

| 假设编号 | 假设内容 | 检验结果 |
|---|---|---|
| H16 | 情绪智力正向调节阻碍性科研压力源与科研绩效的关系。 | 支持 |
| H17 | 学术氛围正向调节挑战性科研压力源与科研绩效的关系。 | 不支持 |
| H18 | 学术氛围正向调节阻碍性科研压力源与科研绩效的关系。 | 支持 |

## 5.7 本章小结

本章首先收集了大量前人开发的量表，结合扎根理论的数据编码结果，形成了初步的调查问卷，包括问卷题目、问卷导语、研究变量的量表和个人信息。通过预调查对初始问卷进行测试，检验每个研究量表的信度与效度，剔除与研究变量相关度不高、信度水平较低和因子载荷过低的问项，形成了最终的调查问卷。其次开展正式调查，收集实证研究数据，共收集到了 427 份有效问卷，性别、年龄等人口统计学变量均符合抽样标准。针对收集到的数据，以量表为单位进行了信度和效度的检验，其中效度检验采用验证性因子分析方法，包括聚合效度和区分效度检验两个方面，结果表明数据具有良好的信度水平和效度水平，可以进行后续的分析研究。再次分别运用结构方程模型方法和阶层多元回归分析检验前文中提及的 18 个研究假设。利用结构方程模型检验了科研压力源对科研绩效的直接影响模型和中介机制模型，在验证成就动机和科研焦虑的中介作用时采用 Sobel 检验方法，结构方程模型和 Sobel 检验结果表明，提出的前 12 个假设均得到验证。运用阶层多元回归分析方法检验科研压力源对科研绩效的调节机制，涉及科研自我效能、情绪智力和学术氛围三个调节变量，结果表明，除了假设 H17 以外，其余有关调节机制的假设均得到验证。综上，本研究所提出的 18 个研究假设中，有 17 个得到了数据支持，1 个未得到数据支持。

# 第六章　结果讨论与启示

本文共提出了18个研究假设，其中有17个假设得到了实证研究的支持，本章的重点内容之一是针对这些得到验证的假设进行具体的分析和讨论，透析科研压力源对科研绩效的直接影响、中介机制和调节机制，阐述每个中介变量和调节变量的作用。本章的另一个重点内容是根据研究结果提出改善高校教师科研压力现状、提高高校教师科研绩效的对策，得到相应的高校管理与教师培养的启示。

## 6.1 研究结果及讨论

### 6.1.1 两类科研压力源对科研绩效的差异性作用机理

#### 一、挑战性与阻碍性科研压力源对科研绩效的直接影响

运用结构方程模型方法检验了科研压力源对科研绩效的直接影响，结果表明，科研压力源对科研绩效有双重影响，挑战性科研压力源能积极的影响科研绩效，而阻碍性科研压力源能消极的影响科研绩效。这一结果进一步验证了以往的研究结论：挑战性压力源能促进工作绩效的提高，而阻碍性压力源能抑制工作绩效的提高。同时，也考证了张桂平（2012）的研究结论，科研挑战性考核压力能降低科研腐败、与科研非伦理行为负相关，而科研阻断性考核压力加剧了教师的科研非伦理行为。

挑战性科研压力源是指科研考核中的高目标、高要求、时间紧和科研创新难等，这类压力源与科研绩效水平正相关，与Scott等人提出的工作压力与工作绩效的激励理论相符。激励理论认为工作压力能唤醒个体的工作动机，激发出更高的工作积极性和工作热情，有利于工作绩效的提高。所以，富有挑战性

的科研压力源是一种“好”压力源，在科研考核中不能制定过低的科研考核目标，否则达不到激发教师科研动力的目的。这也与压力管理的目的相一致，压力管理不是要消除压力源，而是要使压力和绩效以及身心发展相辅相成。

阻碍性科研压力源是指科研考核中的不合理因素以及科研工作中的繁文缛节、角色模糊等，这类压力源与科研绩效水平负相关，与工作压力和工作绩效的抑制理论相符。抑制理论强化了压力源的负面影响，具有阻碍特性的科研压力源经验证符合抑制理论的说法。阻碍性科研压力源对教师科研绩效的提高有不利影响，是一种“坏”压力源，所以高校管理中急需消除阻碍性科研压力源。

由于科研压力源的不同类型对科研绩效存在差异性影响，所以把科研压力源划分为挑战性与阻碍性两种类型十分必要。

## 二、挑战性科研压力源对科研绩效的作用机理

在只考虑挑战性科研压力源、阻碍性科研压力源和科研绩效的模型中，研究发现挑战性科研压力源对科研绩效有促进作用，但是挑战性科研压力源是如何发挥促进作用的，单从这个模型中是不得而知的，所以本研究融入了中介机制的探讨，以发掘挑战性科研压力源对科研绩效的作用机理。

本研究中，“挑战性科研压力源→成就动机→科研绩效”的中介效应值为0.236，“挑战性科研压力源→科研焦虑→科研绩效”的中介效应值为 -0.299，中介机制模型分析结果表明，挑战性科研压力源既能通过提高教师的成就动机增加对科研绩效的正向影响，也能通过引起教师的科研焦虑加剧对科研绩效的负向影响。这说明挑战性科研压力源虽然是一种好压力源，但也能表现出两面性，“好压力源”也可能产生消极的、不利于工作绩效提高的结果，这与 Rodell 和 Judge（2009）、Webster 等人（2010）、Widmer 等人（2012）的研究结论相符。那么，在什么情况下挑战性科研压力源能更多表现出对科研绩效的积极影响呢？这可能取决于挑战性科研压力源是倾向于激发成就动机还是倾向于引发科研焦虑。例如：在众多挑战性科研压力源中，挖掘有趣研究课题的困难性、科研成果创新难、科研考核目标高更可能激发教师的成就动机，因为相比引发科研焦虑，教师克服这些压力源可能带来极大的成就感。而挑战性科研压力源中科研工作的时间紧迫性更大程度上会导致教师产生科研焦虑，因为一旦规定了时间要求，往往会给人一种压迫感。由此可见，挑战性科研压力源的两面性有待进一步深入研究。另外，在中介机制模型中，挑战性科研压力源对科研绩

效仍存在显著的直接影响 0.54（$p<0.001$），说明尚存在其他未被挖掘的中介变量。

### 三、阻碍性科研压力源对科研绩效的作用机理

在只考虑挑战性科研压力源、阻碍性科研压力源和科研绩效的模型中，阻碍性科研压力源对科研绩效有显著的负向影响。综观中介机制模型，阻碍性科研压力源到科研绩效有两条中介路径，分别是"阻碍性科研压力源→成就动机→科研绩效"和"阻碍性科研压力源→科研焦虑→科研绩效"，这两条中介路径的中介效应值均为负数且显著，说明阻碍性科研压力源既可以通过减少成就动机，也可以通过增加科研焦虑对科研绩效产生负面影响。由此可见，无论是立足于成就动机视角，还是立足于科研焦虑的视角，阻碍性科研压力源都对科研绩效的提高有阻碍作用。无可非议，阻碍性科研压力源是一种"坏压力源"。

本研究中，阻碍性科研压力源通过成就动机产生的中介效应值为 –0.122，通过科研焦虑产生的中介效应值为 –0.161，根据中介效应值的大小可知，相比降低成就动机，阻碍性科研压力源更倾向于通过引发科研焦虑对科研绩效产生负向影响。中介机制模型中，阻碍性科研压力源对科研绩效的直接影响为 –0.04（$p>0.05$），未达到统计学意义上的显著水平，说明成就动机和科研焦虑可以清晰地解释阻碍性科研压力源对科研绩效的作用机理。

## 6.1.2 中介变量的作用

本研究在探讨科研压力源对科研绩效的中介机制中，共涉及两个中介变量，分别是成就动机和科研焦虑，以下就这两个中介变量所起的作用进行了具体的阐述。

### 一、成就动机的中介作用

成就动机对科研绩效有积极的促进作用在文中已经得到验证，这说明高校教师的成就动机越高科研绩效水平越高。两种类型的科研压力源若都对成就动机的激发有促进作用，则皆对科研绩效有利。但是中介机制模型分析结果为：路径"挑战性科研压力源→成就动机→科研绩效"产生的中介效应值为 0.236，而路径"阻碍性科研压力源→成就动机→科研绩效"产生的中介效应值

为 –0.122。两个效应值一正一负，表明成就动机在两种类型的科研压力源和科研绩效的关系中所起的中介作用不同，在挑战性科研压力源与科研绩效之间的关系中起促进作用，而在阻碍性科研压力源与科研绩效的关系中起阻碍作用。

从动机的视角解释挑战性压力源的积极作用历来都有，如 LePine 等人（2004）从学习动机的角度揭示挑战性压力源与学习绩效的关系、LePine 等人（2005）从一般性动机的角度揭示挑战性压力源与工作绩效的关系。本文以成就动机为桥梁，发现挑战性科研压力源能提高成就动机，以达到促进科研绩效的目的，这一研究结果与 LePine 小组的研究结论异曲同工，都点明了动机在挑战性压力源与绩效关系中的积极中介作用。在研究挑战性压力源与动机关系时，必然要探讨阻碍性压力源与动机的关系，本研究的结果表明，阻碍教师科研发展的压力源对成就动机有抑制作用。所以，成就动机扮演着关键的角色，两种类型的科研压力源对成就动机存在相异的影响，是导致对科研绩效具有差异性影响的原因之一。

## 二、科研焦虑的中介作用

以往的相关研究表明，两种类型的压力源均会产生心理应激反应，不管是“好压力源”还是“坏压力源”。本研究也不例外，科研焦虑作为一种心理应激反应，代表了一种负向情绪，挑战性科研压力源和阻碍性科研压力源均对科研焦虑有显著的正向影响（$\beta=0.65$，$p<0.001$；$\beta=0.35$，$p<0.01$）。同时，研究还发现，挑战性科研压力源对科研焦虑的影响大于阻碍性科研压力源，造成这样的研究结果可能源于两个方面：一是挑战性科研压力源与科研工作息息相关，是从事科研工作的教师不得不面对的压力源，伴随着科研工作的始终，所以更容易使教师产生焦虑情绪；二是阻碍性科研压力源往往是教师无力改变的压力源，当教师适应了这些压力源的存在后，会相应削减焦虑产生的频率和强度。另外，科研焦虑会抑制科研绩效的提高在本文中得到了充分的验证，影响系数是 –0.46（$p<0.001$），体现了科研绩效的消极作用。

路径“挑战性科研压力源→科研焦虑→科研绩效”和“阻碍性科研压力源→科研焦虑→科研绩效”的中介效应值都为负，且都达到了显著性水平，表明科研焦虑在挑战性与阻碍性科研压力源和科研绩效的关系上不存在差异性，两种类型的科研压力源均通过科研焦虑对科研绩效产生消极影响。

## 6.1.3 调节变量的作用

本研究在分析科研压力源对科研绩效的调节机制中，共涉及三个调节变量，分别是科研自我效能、情绪智力和学术氛围，以下就这三个调节变量所起的作用进行了具体的阐述。

### 一、科研自我效能的调节作用

科研自我效能是指教师对自己科研能力的自信程度。研究结果表明，科研自我效能正向调节挑战性与阻碍性科研压力源和科研绩效的关系。所谓正向调节作用，即教师的科研自我效能越高，挑战性科研压力源对科研绩效的促进作用越大，阻碍性科研压力源对科研绩效的抑制作用越小。自我效能在工作压力与工作相关结果变量之间充当调节变量的角色已经得到了学术界的广泛认可，科研自我效能作为科研情景下的特定自我效能，在科研压力源和科研绩效之间起正向调节作用，不仅是对自我效能研究领域的拓展，而且有助于深入分析科研压力源与科研绩效的权变关系。

科研自我效能与挑战性科研压力源的交互作用对科研绩效的影响系数为 0.355（$p<0.001$），与阻碍性科研压力源的交互作用对科研绩效关系的影响系数为 0.157（$p<0.001$），表明科研自我效能对挑战性科研压力源与科研绩效之间关系的正向调节作用更大。当教师具有较高的科研自我效能时，即使面对严格的科研考核要求和困惑的科研难题，也能保持足够的自信，正是这种自信为克服科研困难提供了源源不竭的动力，所以高科研自我效能的教师能在挑战性科研压力源面前展现出较高的科研绩效。同时，高科研自我效能的教师由于对自身的科研能力足够自信，可以抵消一部分阻碍性科研压力源的消极影响，如学术资源匮乏、科研工作程序繁琐等。但是，从图 5-4 中发现，高科研自我效能组的教师呈现出的阻碍性科研压力源与科研绩效的关系仍然是一种负相关关系，表明科研自我效能并不能从根本上改变两者之间的负相关关系，只是起到了一定程度的改善作用。

### 二、情绪智力的调节作用

情绪智力的概念源自心理学，但是目前已经被广泛应用到组织行为学领域。Jordan 等人（2002）最早指出情绪智力适合作为调节外界刺激和行为表现之间关系的个体差异变量，本文率先探索了情绪智力在科研压力源与科研绩效之间关系的调节作用，研究结果表明，具有高情绪智力的教师无论是面对挑战性科研压力源还是面对阻碍性压力源时均能表现出更高的科研绩效，即情绪智力能正向调节两种类型的科研压力源与科研绩效的关系。这与 Antonakis 等人（2009）的论断相呼应，他们认为情绪智力的积极作用主要体现在压力情境中，高情绪智力的个体能更好地应对压力。

情绪智力与挑战性科研压力源的交互作用对科研绩效的影响系数为 0.145（$p<0.01$），与阻碍性科研压力源的交互作用对科研绩效关系的影响系数为 0.222（$p<0.001$），表明情绪智力对阻碍性科研压力源和科研绩效之间关系的正向调节作用更大。从图 5-6 中可以发现，低情绪智力组与高情绪智力组呈现出了完全不同的走势，说明随着教师情绪智力水平的提高，阻碍性科研压力源与科研绩效的关系会由负变为正。这一研究结论充分说明了情绪智力的重要性，不仅能加强挑战性科研压力源与科研绩效的关系，而且能从根本上改变阻碍性科研压力源与科研绩效之间的关系。高情绪智力的教师由于具备良好的情绪控制与调节能力，在不利于科研工作的阻碍性压力源面前，也能保持平和的心态，排除阻碍性科研压力源的消极影响。以学术资源匮乏这一阻碍性科研压力源为例，低情绪智力的教师在搜集不到有用资源时可能会展现出对学校的不满，产生抱怨情绪，而高情绪智力的教师可以有效利用情绪的促进功能，调节心态，淡化资源不充分的消极影响，或寻找其他渠道获取资源，因而不会使学术资源匮乏成为科研成功的阻力。另外，从图 5-6 中还可以发现，高情绪智力组中，阻碍性科研压力源这一“坏压力源”展现出了“好压力源”的特性，在情绪智力的作用下对科研绩效表现出了积极的影响，是阻碍性压力源与绩效研究领域的重大发现。

### 三、学术氛围的调节作用

学术氛围是本研究所选取的唯一有关科研环境差异的变量。众所周知，环境对个体的成长和发展有举足轻重的作用，为了有针对性地研究教师的科研环境，本文特提出了学术氛围的概念，以探索科研环境是否在科研压力源与科研绩效的关系中发挥调节作用。研究发现，学术氛围能显著正向调节阻碍性科研压力源与科研绩效的关系，学术氛围与阻碍性科研压力源的交互作用对科研绩效关系的影响系数为 0.307（$p<0.001$），表明高校的学术氛围越浓厚，阻碍性科

研压力源对科研绩效的消极影响越弱。其实，一所具备良好学术氛围的高校，阻碍科研工作的压力源自然会相对较少，所以学术氛围在两者关系中起正向调节作用并不奇怪。从图 5–7 中展示的关系中发现，学术氛围同科研自我效能类似，不能从根本上改变阻碍性科研压力源对科研绩效的消极影响，所以学术氛围的正向调节作用不如情绪智力强。

学术氛围对挑战性科研压力源与科研绩效之间关系的正向调节作用不显著，这一研究结论与本文提出的研究假设相悖。本文提出假设 H17 的初衷是浓郁的学术氛围能为教师的科研工作营造良好的环境，便于教师获取需要的资源以完成科研任务。

## 6.2 研究启示

### 6.2.1 科研压力源对科研绩效直接影响的启示

本文的研究结果表明，科研压力源有好坏之分，挑战性科研压力源能促进教师科研绩效的提高，阻碍性科研压力源会抑制教师科研绩效的提高。所以，高校应实施有效的科研压力管理机制，削弱阻碍性科研压力源的负向影响，强化挑战性科研压力源的正向影响。根据这一研究结果，本文提出以下启示：

（1）高校应制定合理的科研绩效考核标准。科研绩效考核的标准既涉及挑战性压力源又涉及阻碍性压力源，高目标、高任务量、短考核期的科研考核属于挑战性科研压力源的范畴，而科研考核中的不平等待遇属于阻碍性科研压力源的范畴。高校应在确保高标准考核的前提下，尽量降低或消除考核中的不公平现象，如对青年教师的考核过于苛刻，对老教师的考核太过轻松。另外，高标准的考核也需要根据教师的具体情况制定适当的考核水平，换言之，考核要有度，不能一味追求高标准。如果教师认为考核标准太高，再怎么努力也无法完成，则会放弃努力，不但不能激发成就动机，反而容易产生科研焦虑，适得其反。所以适当的考核标准尤为重要，所谓适当，既要最大限度的激发成就动机，又要尽可能的减少焦虑情绪。

（2）高校应制定适当的科研激励政策。在制定好统一的考核标准之后，高校还可制定一定的激励政策，例如，教师在完成规定的任务后，多发表论文或多申请项目能得到奖励。这样的政策能激发热爱科研工作、科研能力强的教师为科研事业多做贡献，提高高校整体的科研绩效水平。另外，无法完成额外任务量的教师也不会过于悲观，因为他们已经完成了规定内的任务量，这样的政策也能促使这类群体继续努力，以获取奖励，而不产生严重的科研焦虑情绪，保持科研工作健康、有序的发展。

（3）高校应尽量消除阻碍性科研压力源。阻碍性科研压力源除了包括考核中的不公平现象以外，还包括科研工作中的繁琐程序、学术资源匮乏、角色模糊、合作伙伴难寻等，这些阻碍性的压力源会制约教师科研绩效的提高。所以高校应尽可能的做到简化科研项目申请和评审过程中的繁琐环节，丰富学术资源，积极开展学术交流活动，主动帮助和引导在科研上遇到瓶颈的教师等。

### 6.2.2 科研压力源对科研绩效中介机制的启示

本文引入成就动机和科研焦虑分析科研压力源对科研绩效的中介机制，表明成就动机在挑战性科研压力源对科研绩效的影响中起积极的枢纽作用，科研焦虑则在两种类型科研压力源与科研绩效的关系中扮演着绝对的消极枢纽作用。针对两个中介变量的不同角色，提出以下两点启示：

（1）高校应努力激发教师的成就动机。动机的培养绝非一朝一夕就能实现的，它是一个循序渐进的过程，既需要高校在宏观上给予支持和助推，又需要教师自身的觉醒和配合。由本文的研究结论可知，富有挑战性的任务能激发教师的成就动机，并且成就动机能促进科研绩效的提高，所以高校应让教师尝试有挑战性的任务，培养教师勇于挑战的精神，可以通过以下方式进行：首先，积极组织竞赛活动，活动的形式越丰富越好，如体育活动（竞走、排球、拔河等）、文学活动（书法、诗朗诵等）、娱乐活动（歌唱比赛、围棋等）、学术活动（学术沙龙、科技创新赛等），竞赛的目的不是为了争出冠军，而是为了引导教师参与挑战、鼓励教师接受挑战，所以竞赛的环境要相对舒适，不能强化紧张的气氛。其次，邀请具有高成就动机的企业家或学者介绍勇于挑战获取成功的案例，感染教师，激发他们勇于拼搏的精神和对成功的渴望，以此提高他们的成就动机。最后，高校还要努力营造一种宽容失败的氛围，成就动机不高的根源是害怕失败的情绪过于强烈，所以高校应客观看待教师在科研过程中的失败，合理分析失败的原因，而不能全盘否定教师的努力，对失败也要给予某种程度上的认可。

（2）高校应努力缓解教师的科研焦虑。心理学理论认为，当个体在压力面前产生焦虑不安时，会希望从社会支持中获得安慰和帮助，适应本文情景的社会支持应为高校支持。鉴于此，高校首先要完善学校的管理体制，建立公平、公正的科研评估系统，消除教师的不平衡心理，确保以人为本。其次，高校应加强对教师科研焦虑的疏导，设立相应的心理咨询室或与外界心理咨询机构建立合作关系，供教师咨询。同时，在日常生活中，学院或部门领导应多关心教师的情绪变化，及时发掘教师在科研上的畏惧、抱怨等情绪，帮助其缓解焦虑。另外，老教师的作用不容忽视，学校可采取一帮一的形式，让老教师帮助新教师及早地适应科研工作。最后，高校要努力丰富校园文化，增加必要的娱乐休闲活动，如羽毛球、足球、游泳等，适当的运动和休闲可以缓解教师工作中的紧张，并且活动的开展无形中增加了教师沟通的机会，一方面可以促进人际关系，另一方面可以使教师在轻松的环境下进行学术交流。总之，对高校而言，要尽量营造一种公平、健康、和谐的校园氛围。若想改善教师的科研焦虑，单靠高校的努力是不够的，教师必须正确看待科研中的难题、正确看待自己的能力。正确的自我认识是克服科研焦虑的第一步。科研焦虑的来源之一是教师给自己制定的科研目标过高，完不成目标就会产生挫败感。只有对自己有正确认识的教师，才能制定能力范围可实现的目标，避免失败后的心理困扰。另外，教师要保持良好的心态，不要沉浸在成功的喜悦中无法自拔，也不要淹没在失败的悲痛中无法释怀，切忌患得患失、大喜大悲，要增强人际交流，在遇到困难时找朋友诉说，释放压抑，不要闷头蛮干，滋生焦虑情绪。在紧张焦虑的时候，教师应学会自我调节、自我放松，始终保持乐观的生活态度，焦虑自会有所缓解。

### 6.2.3 科研压力源对科研绩效调节机制的启示

本文探讨的三个调节变量科研自我效能、情绪智力和学术氛围在科研压力源与科研绩效的关系中都起到了不同程度的正向调节作用，因此三个调节变量都需要得到高校的重视，以下提出了三点启示：

（1）高校应努力提高教师的科研自我效能。在心理学领域，自我效能是可以培养的，依此类推，科研自我效能也是可以培养的。培养教师科研自我效能的主旨是增加他们胜任科研工作的信心。首先，高校不应一味倡导教师树立高科研目标，应根据教师的实际科研能力量力而行，高目标会给科研自我效能水平低的教师以压迫感，他们不相信自己有能力完成目标，因此可能会自暴自弃，不利于身心健康，或产生不利于学术发展的恶性行为，如剽窃、造假、找机构代发论文等。其次，高校应有意培养教师的科研自我效能，在学术报告或学术研讨会上老教师要对新教师褒贬兼顾，不能一味批评，打击新教师的科研信心，使他们质疑自己的科研能力、妄自菲薄，而是要发扬传帮带的精神，以老带新，增加科研活力。最后，高校应鼓励教师形成科研团队，推举学术造诣深厚、学术志向崇高的教师为学术带头人，提高整个团队的科研水平，达到提高每个团队成员科研自我效能的目的。

（2）高校应努力提高教师的情绪智力。高校对教师的培养往往呈现出重智商轻情商的模式，而本研究发现，教师的情绪智力水平越高，越能正向调节两种类型的科研压力源与科研绩效的关系，为此高校应采取适当的措施来提高教师的情绪智力。首先，高校要加强对教师的人文关怀。院领导应主动与教师进行情感交流，关注其情绪变化和情绪反应，了解他们的科研困难和家庭困难，真心帮助教师成长。其次，对现有教师进行情绪智力水平测试，了解本校教师的整体情绪智力水平，划分出高情绪智力的教师和低情绪智力的教师。对于高情绪智力的教师，学校应鼓励其他教师观察他们的处事哲学，学习他们的高情绪智力表现。而对于低情绪智力的教师，学校应给予他们适当的培训。可以通过聘请心理学专家讲授相应的课程，帮助教师提升自我情绪认知、情绪调节、情绪控制和情绪利用能力，使其能更好地处理日常事务和人际关系，有效的完成工作任务。已有研究表明，情绪智力可以通过后天的培训得到提高和改善，只是这个过程很漫长，需要高校提供长时间、有计划的支持，所以高校切忌看到教师一点进步后就停止培训、半途而废。情绪智力的培养是一个持续的过程，需要不断的强化，以得到最终能力的升华。最后，高校应引导教师主动参与情绪智力培训，若发现某些教师情绪智力水平有明显改善，可给予适当的物质奖励和精神鼓励，增加他们提高情绪智力的意愿，以从根本上改善教师的情绪智力水平。

（3）高校应努力营造浓郁的学术氛围。虽然国内外的教育学家一直提倡高校需营造浓厚的学术氛围，但是大多高校仍然存在学术氛围不浓的现象。学术氛围不浓厚很大程度上是缺乏科研目标造成的，教师个人乃至学院整体的科研目标尚不明确，导致教师各自为战，研究内容分散，不能形成有凝聚力的科研团队。所以，高校若想营造良好的学术氛围，首先要鼓励有相似研究兴趣的教师形成科研团队，同时，保证科研团队必要的物质条件，使教师产生科研创新的集聚效应，在收获科研成果的同时，学术氛围自然会有所提高。其次，高校应加强学校之间的交流与合作，积极开展丰富多彩的学术活动，为教师搭建良好的沟通平台，如：学术沙龙、学术讲座、学术研讨会和学术报告等，学术活动的形式不应死板教条，应鼓励教师发言提问，通过各自成果的展示，促进创造性思维的萌发，达到学术交流的目的。同时，在交流的过程中，也可以培养教师的探索性学习精神，使教师由被动科研转变为主动科研。再次，高校应给予教师充分的学术自主权，允许学术争鸣。倘若一所高校的所有教师思想都趋于一致，这种同质性极高的群体必然很难产生创新思维，有碍科研事业的发展，所以高校要鼓励教师阐述自己的想法，提倡批判精神，不能被迫地认同权威学者的观点。然后，高校应严厉打击学术腐败现象。杜绝学术造假、学术抄袭、一稿多投、一稿多发现象，维护科研事业的纯真性。最后，高校应努力营造一种开放和谐、充满诚信、相互尊重、相互信任的工作环境，使教师减少人际上的矛盾和冲突，最大限度的激发教师的科研热情。

## 6.3 本章小结

本章首先对研究结果进行了具体的分析和讨论，从三个方面展开。一是分析挑战性与阻碍性科研压力源对科研绩效的差异性影响，先从直接影响模型的角度点明差异性，然后立足于中介机制模型分别阐述两种科研压力源对科研绩效的作用机理。二是探讨两个中介变量成就动机和科研焦虑的中介作用。三是阐述三个调节变量科研自我效能、情绪智力和学术氛围的调节作用。在对研究结果进行系统性的分析之后，针对每个方面都得出了相应的启示，说明高校合理制定科研考核标准的重要性，以及如何制定适当的考核标准。同时，高校应培养教师的成就动机、科研自我效能、情绪智力，缓解教师的科研焦虑，努力营造浓郁的学术氛围。

# 第七章　结论与展望

## 7.1 研究结论

本文以教师的科研工作为研究背景，基于文献演绎法和扎根理论法构建了科研压力源对高校教师科研绩效的影响模型，把科研压力源划分为挑战性科研压力源和阻碍性科研压力源，立足于动机和情绪的视角，引入成就动机和科研焦虑两个变量构建了两种类型的科研压力源对科研绩效的中介机制模型，同时，以个体差异变量科研自我效能、情绪智力和环境差异变量学术氛围为调节变量，分析了两种类型的科研压力源对科研绩效的调节机制。经过结构方程模型分析和阶层多元回归分析得到以下研究结论：

（1）挑战性与阻碍性科研压力源对科研绩效有差异性影响。挑战性科研压力源能显著的正向影响科研绩效，而阻碍性科研压力源能显著的负向影响科研绩效。究其内在作用机理，挑战性科研压力源既可以通过成就动机对科研绩效产生正向影响，也可以通过科研焦虑对科研绩效产生负向影响，说明挑战性科研压力源虽然是一种“好压力源”，但是也会产生消极影响。阻碍性科研压力源在中介机制模型中则表现出了“坏压力源”的特征，它通过成就动机和科研焦虑对科研绩效产生的影响均是消极的。所以高校应适度利用挑战性科研压力源，并尽量消除阻碍性科研压力源。

（2）成就动机和科研焦虑在挑战性与阻碍性科研压力源和科研绩效的关系中起显著的中介作用。成就动机在挑战性科研压力源与科研绩效的关系中起显著的正效应，在阻碍性科研压力源与科研绩效的关系中起显著的负效应。科研焦虑在两种类型科研压力源与科研绩效的关系中起到的都是负效应。

（3）科研自我效能、情绪智力和学术氛围对挑战性与阻碍性科研压力源和科研绩效的关系有不同程度的正向调节作用。科研自我效能和情绪智力均能正向调节两种类型科研压力源与科研绩效的关系，即加强挑战性科研压力源对科研绩效的积极作用和减弱阻碍性科研压力源对科研绩效的消极作用。学术氛围对挑战性科研压力源与科研绩效关系的正向调节作用不显著，但是对阻碍性科研压力源与科研绩效关系的调节作用正向且显著。综观三个调节变量对阻碍性科研压力源与科研绩效关系的调节作用，情绪智力的调节作用最强，能从实质上改变两者的消极影响关系，而科研自我效能和情绪智力只是起到了削弱阻碍性科研压力源负向影响的作用。

## 7.2 未来展望

由于受到客观和主观条件的限制，本研究尚存在以下不足：

（1）样本量的限制。本文的正式调查共收集到了 427 份有效问卷，虽然涉及 30 多所学校，分布于天津、北京、保定、武汉、大连等城市，但是与大规模调查相比，所需的样本量还远远不够，可能会影响到研究的准确性。

（2）挑战性科研压力源与科研绩效之间还存在尚未发现的中介变量。在引入成就动机和科研焦虑两个中介变量之后，中介模型中挑战性科研压力源对科研绩效的直接影响仍然显著，说明还存在其他中介变量在两者的关系中起桥梁作用。

（3）研究发现挑战性科研压力源具有两面性，既能通过激发成就动机促进科研绩效，也能通过引发科研焦虑阻碍科研绩效。本文未针对挑战性科研压力源的具体内容验证哪种压力源容易引发成就动机，哪种压力源偏向引发科研焦虑。

针对上述研究不足，特提出以下三点研究展望：

（1）扩大调查规模。大样本数据的分析结果能提高结果的准确性，未来的研究可加大样本量，但是在提高样本量的同时，要注意样本的代表性。

（2）建立完善的理论研究体系。目前，关于高校教师科研压力源与科研绩效的研究还很有限，尚处于起步阶段，因此诸多问题有待进一步探讨。本研究虽然分析了挑战—阻碍性科研压力源对科研绩效的差异性影响，探讨了其内在作用机理，揭示了科研自我效能、情绪智力和学术氛围的调节作用，但是仍存在不足。在中介机制的探讨中，挑战性科研压力源对科研绩效仍存在显著的正向影响，说明尚存在未被挖掘的中介变量。另外，除了研究涉及的三个调节变量以外，可能还存在其他影响挑战—阻碍性科研压力源与科研绩效关系的变量。因此，希望未来的研究能拓宽研究的广度和深度，挖掘出其他有价值的中介变量和调节变量。

（3）挑战性科研压力源的两面性有待进一步深入研究。对于哪种挑战性科研压力源容易引发成就动机或是科研焦虑还不得而知。如果能清楚地了解上述内容，对制定科研考核要求会有更大的帮助。

# 参考文献

[1] 陆昌勤．“21 世纪的流感”：幸福的杀手［J］. 人民论坛，2006，6/B：16–18.
[2] 顾远东，王勇明，彭纪生．绩效考核对高校教师工作满意度的影响：职业压力的中介作用［J］. 管理学报，2010，7（1）：75–81.
[3] 冯惠玲．高校科研考核改革的深度探索与思考［J］. 中国高等教育，2012，5：20–23.
[4] 鲍威，王嘉颖．象牙塔里的压力——中国高校教师职业压力与学术产出的实证研究［J］. 北京大学教育评论，2012，10（1）：124–138.
[5] 张桂平，廖建桥．科研压力对高校学术不端行为的作用机制研究——组织支持和学术自尊的调节效应［J］. 科学学研究，2012，30（12）：1781–1788.
[6] 方阳春．工作压力和社会支持对高校教师绩效的影响［J］. 科研管理，2013，34（5）：136–143.
[7] Selye H. The stress of life [M]. New York：McGraw–Hill，1978.
[8] Cavanaugh M A，Boswell W R，Roehling M V，et al. An empirical examination of self–reported work stress among U.S. managers [J]. The Journal of Applied Psychology，2000，85（1）：65–74.
[9] 李宗波，李锐．挑战性 – 阻碍性压力源研究述评［J］. 外国经济与管理，2013，5：40–59.
[10] LePine J A，Podsakoff N P，LePine M A. A meta–analytic test of the challenge stressor – hindrance stressor framework：An explanation for inconsistent relationships among stressors and performance [J]. The Academy of Management Journal，2005，48（5）：764–775.
[11] Lazarus R S，Launier. Stress–related transactions between person and environment [A]. In L. A. Pervin & M. Lewis（eds.）Perspectives in Interactional Psychology [C]. New York：Plenum，1978：287–327.
[12] Quick J C，Quick J D. Organizational stress and preventive management [M]. New York：McGraw–Hill，1984.
[13] Summers T P，Decotiis T A，DeNisi A S. A field study of some antecedents and consequences of felt job stress. In Rick Crandall & Pamela L. Perrewe（eds.）Occupational stress：A handbook. Series in health psychology and behavioral medicine，1995：113–128.
[14] 舒晓兵，廖建桥．工作压力研究：一个分析的框架——国外有关工作压力的理论综述［J］. 华中科技大学学报（人文社会科学版），2002（5）：121–124.

[15] Cooper C L, Cooper R D, Eaker L H. Living with stress[M]. London: Penguin Book, 1988.

[16] 石林.工作压力理论及其在研究中的重要性[J].心理科学进展, 2002, 10 (4): 433-438.

[17] Karasek R A. Job demands, job decision latitude, and mental strain: Implications for job redesign[J]. Administrative Science Qrarterly, 1979, 24: 285-308.

[18] 姜文锐, 马剑虹.工作压力的要求-控制模型[J].心理科学进展, 2003, 11 (2): 209-213.

[19] Landsbergis P L. Occupational stress among health caseworkers: A test of the job demand-control model[J]. Journal of Organizational Behavior, 1988, 9: 217-239.

[20] Fletcher B C, Jones E A. Refutation of Karasek's demand-discretion model of occupational stress with a range of dependent measures[J]. Journal of Organizational Behavior, 1993, 14: 319-330.

[21] Greenberger D B, Strasser S, Cummings L L, Dunham R B. The impact of personal control on performance and satisfaction[J].Organizational Behavior and Human Decision Processes, 1989, 43: 29-51.

[22] McLaney M A, Hurrell J J. Control, stress, and job satisfaction in Canadian nurses[J]. Work and Stress, 1988, 2: 217-224.

[23] Karasek R A, Theorell T, Schwartz J E, et al.Job characteristics in relation to the prevalence of myocardial infarction in the US Health Examination Survey (HES) and the Health and Nutrition Examination Survey (HANES)[J]. American Journal of Public Health, 1988, 78: 910-918.

[24] Van Der Doef M, Maes S. The job demand-control (-support) model and psychological well-being: a review of 20 years of empirical research[J]. Work & Stress, 1999, (2): 87-114.

[25] French J R P Jr, Caplan R D, Van Harrison R. The mechanisms of job stress and strain. Chichester, England: Wiley, 1982. 5-11.

[26] Spector P E. Interactive effects of perceived control and job stresses on affective reactions and health outcomes for clerical workers[J]. Work and Stress, 1987 (1): 155-162.

[27] Sauter S L, Hurrell J J Jr. Introduction. In: Sauter S L, Hurrell J J Jr, Cooper C L ed. Job Control and Worker Health. Chichester, England: Wiley, 1989. 13-20.

[28] Siegrist J. Adverse health effectsof high-effort/low-reward conditions[J]. Journal of Occupational Health Psychology, 1996, (1): 27-41.

[29] Siegrist J, Starke D, Chandola T, et al. The measurement of effort - reward imbalance at work: European comparisons[J]. Social Science & Medicine, 2004, 58: 1483-1499.

[30] Vegchel N V, Jonge J, Bakker A B, et al. Testing global and specific indicators of rewards in the Effort-Reward Imbalance Model: Does it make any difference? [J]. European Journal of Work and Organizational Psychology, 2002, 11: 403-421.

[ 31 ] Preckel D, Meinel M, Kudielka B, et al. Effort-reward imbalance, overcommitment and self-reported health: Is it the interaction that matters? [ J ]. Journal of Occupational and Organizational Psychology, 2007, 80: 91-107.

[ 32 ] 楚艳民，刘利，刘琴等 . 护士工作倦怠的付出 - 获得不平衡模型研究 [ J ]. 中国临床心理学杂志，2008 ( 16 ): 586-588.

[ 33 ] 罗玉越，舒晓兵，史茜 . 付出 - 回馈工作压力模型：西方国家十年来研究的回顾与评析 [ J ]. 心理科学进展，2011，19 ( 1 ): 107-116.

[ 34 ] Lazarus R S. Psychological stress and the coping process [ M ].New York: McGraw-Hill, 1966.

[ 35 ] Lazarus R S, Folkman S. Stress, appraisal and coping [ M ]. New York: Springer, 1984.

[ 36 ] Bhagat R S, Allie S M, Ford D L Jr. Coping with stressful life events: an empirical analysis [ A ]. In: Rick Crandall, Pamela L Perrewe ( .eds ) Occupational Stress: A Handbook [ C ]. New Jersey: Prentice Hall, 1995: 45-53.

[ 37 ] 斯蒂芬 · P · 罗宾斯 . 组织行为学 [ M ]. 孙建敏，李原译 . 北京：中国人民大学出版社，2008.

[ 38 ] Weiss R S.The emotional impact of marital separation [ J ].Journal of soeial Issues, 1976 ( 1 ): 135-145.

[ 39 ] Cooper C L, Marshall J. Sources of managerial and white Collar stress [ M ]. NewYork: Jolln Wiley&Sons, 1978.

[ 40 ] Ivancevieh J M, Matteson M T. Type A-B Person-Work Environment interaction model for examining occupational stress and consequence [ J ]. Human Relations, 1984 ( 7 ): 491-513.

[ 41 ] Whetten D A, Cameron K S. Developing management skills [ M ]. Harper Collins Publishers, 1991.

[ 42 ] Hendrix W H, Summers T P, Steel R P. Antecedents and Organizational Effectiveness Outcomes of Employee Stress and Health [ M ]. New York: Occupational Stress: A Handbook, 1995: 23-25.

[ 43 ] Long B C. Stress in the work place, ERIC Digest, Ottowa: Canadian Guidance and Counselling Foundation, 1995.

[ 44 ] 陈志霞，廖建桥 . 知识员工工作压力源的主成分因素结构分析 [ J ]. 工业工程与管理，2005 ( 4 ): 26-30.

[ 45 ] 舒晓兵 . 管理人员工作压力源及其影响——国有企业与私营企业的比较 [ J ]. 管理世界，2005 ( 8 ): 105-113.

[ 46 ] 许小东 . 管理者工作内源压力与外源压力的结构模型研究 [ J ]. 管理工程学报，2007，( 1 ): 36-40.

[ 47 ] Bernardin H J, Beatty R W. Performance appraisal: Assessing human behavior at work [ M ]. Boston: Kent Publishing ComPany, 1984.

[ 48 ] Campbell J P, Mchenry J J, Wise L L. Modeling job performance in population of jobs [ J ]. Personnel Psychology, 1990, 43: 313.

[ 49 ] Motowildlo S J，Borman W C，Schmit M J. A theory of individual difference in task performance and contextual performance [ J ].Human Performance，1997，10（2）：71–83.

[ 50 ] 孙健敏，焦长泉 . 对管理者工作绩效结果的探索性研究［J］. 人类工效学，2002，8（3）：1–10.

[ 51 ] Borman W C，Motowidlo S J. Expanding the criterion domain to include Elements of contextual Performance [ A ]. In N. Schlnit & W.C.Borman( Eds ) . Personnel selection in organizations[ C ]. San Francisco：Jossey–Bass，1993：71–98.

[ 52 ] Van Scotter J R，Motowidlo S J. Interpersonal facilitation and job dedication as separate facets of contextual performance [ J ].Journal of Applied Psychology，1996，81（5）：525 – 531.

[ 53 ] 王辉，李晓轩，罗胜强 . 任务绩效与情境绩效二因素绩效模型的验证［J］. 中国管理科学，2003，11（4）：79–84.

[ 54 ] 温志毅 . 工作绩效的四因素结构模型［J］. 首都师范大学学报（社会科学版），2005（5）：105–111.

[ 55 ] Miller J G. Information Input，Overload，and Psychopathology [ J ].American Journal of Psychiatry，1960（116）：695–704.

[ 56 ] Cohen S. After–effects of Stress on Human Performance and Social Behavior：A Review of Research and Theory [ J ].Psychological Bulletin，1980（88）：82–108.

[ 57 ] Janis I L，Mann L. Decision Making [ M ].Free Press，New York，1981.

[ 58 ] Scott W E. Activation Theory and Task Design. Organizational [ J ].Behavior and Human Performance，1966（1）：3–20.

[ 59 ] Yerkes R，Dodson J. The Relation of Strength of Stimulus to Rapidity of Habit–formation [ J ]. Journal of Comparative and Neurological Psychology，1908，（18）：459–482.

[ 60 ] 舒晓兵，廖建桥 . 工作压力与工作效率理论研究述评［J］. 南开管理评论，2002，（3）：20–23.

[ 61 ] McCauley C D，Ruderman M N，Ohlott P J，et al.Assessing the developmental components of managerial jobs [ J ].Journal of Applied Psychology，1994，79（4）：544–560.

[ 62 ] Boswell W R，Olson–Buchanan J B，LePine M A. Relations between stress and work outcomes：The role of felt challenge，job control，and psychological strain [ J ]. Journal of Vocational Behavior，2004，64：165–181.

[ 63 ] Podsakoff N P，LePine J A，LePine M A. Differential challenge stressor – hindrance stressor relationships with job attitudes，turnover intentions，turnover，and withdrawal behavior：A meta–analysis [ J ]. The Journal of Applied Psychology，2007，92（2）：438–454.

[ 64 ] Rodell J B，Judge T A. Can "good" stressors spark "bad" behaviors? The mediating role of emotions in links of challenge and hindrance stressors with citizenship and counterproductive behaviors [ J ]. The Journal of Applied Psychology，2009，94（6）：1438–1451.

[ 65 ] Webster J R，Beehr T A，Christiansen N D. Toward a better understanding of the effects of hindrance and challenge stressors on work behavior [ J ]. Journal of Vocational Behavior，2010，

76：68-77.
[ 66 ] 孟晓斌，许小东 . 企业管理者工作压力的绩效属性——基于自我效能的解释［ J ］. 商业经济与管理，2008（ 11 ）：27-33.
[ 67 ] 刘得格，时勘，王永丽等 . 挑战 - 阻碍性压力源与工作投入和满意度的关系［ J ］. 管理科学，2011（ 4 ）：1-9.
[ 68 ] Kyriacou C，Sutcliffe J. Teacher Stress：a review［ J ］.Educational Review，1977，29（ 4 ）：299-306.
[ 69 ] 曾晓娟 . 大学教师工作压力研究［ D ］. 大连：大连理工大学博士学位论文，2010.
[ 70 ] Kyriacou C，Sutcliffe J. Teacher Stress：prevalence，sources and symptoms［ J ］.British Journal of Educational Psychology，1978，48（ 2 ）：159-167.
[ 71 ] Fisher S. Stress in academic life：The mental assembly line［ M ］. Buckingham，UK：Open University Press，1994：106.
[ 72 ] Abouserie R. Stress，coping strategies and job satisfaction in university academic staff［ J ］. Educational Psyehology，1996，（ 1 ）：49-56.
[ 73 ] Adams E. Vocational teacher stress and internal characteristics［ J ］. Journal of Vocational and Technical Edueation，1999，（1）：7-22.
[ 74 ] Leung T W，Siu O L，Paul E S. Faculty stressors，job satisfaction，and psychological distress among university teachers in Hong Kong：the role of locus of control［ J ］. International Journal of Stress Management，2000，7（ 2 ）：121-138.
[ 75 ] Winefield A H，Jarrett R. Occupational stress in university staff［ J ］. International Journal of Stress Management，2001（ 4 ）：285-298.
[ 76 ] 刘易斯 · 科塞 . 理念人：一项社会学的考察［ M ］. 郭方等译 . 北京：中央编译出版社，2003：301.
[ 77 ] 李虹 . 大学教师的工作压力类型和压力强度研究［ J ］. 清华大学教育研究，2005，26（ 5 ）：97-102.
[ 78 ] 李兆良，高燕，于雅琴等 . 高校教师工作压力状况及与职业倦怠关系调查分析［ J ］. 医学与社会，2007，20（ 2 ）：60-62.
[ 79 ] 周立珍，朱俊 . 大学教师的工作压力源分析［ J ］. 产业与科技论坛，2008，7（ 12 ）：225-226.
[ 80 ] 李逢超 . 高校教师工作压力状况研究［ J ］. 山东理工大学学报（ 社会科学版 ），2009，25（ 1 ）：96-99.
[ 81 ] 黎光明，沈绮云，杨琳等 . 高校青年教师职业压力源结构分析［ J ］. 中国临床心理学杂志，2008，16（ 6 ）：625-629.
[ 82 ] 刘志成，孙佳 . 高校教师的科研压力及其缓解措施［ J ］. 湖南农业大学学报（ 社会科学版 ），2009，10（ 4 ）：67-70.
[ 83 ] 王仙雅，林盛，陈立芸 . 挑战 - 阻碍性科研压力源对科研绩效的作用机理——科研焦虑与成就动机的中介作用［ J ］. 科学学与科学技术管理，2014，25（ 3 ）：21-30.

[84] 杨静，高敏，李红波.高校科研成果绩效评价的研究与思考 [J].科研管理，2009(3)：100-102.

[85] 王建军.大学教师职务聘任中的科研绩效评价研究 [J].黑龙江高教研究，2012（4）：72-75.

[86] 喻世华.关于高校科研绩效考核的思考——从期刊级别与学术评价的关系展开分析 [J].扬州大学学报（高教研究版），2012，16（5）：45-49.

[87] 李俊杰.高校教师科研绩效评价存在的问题及改进 [J].教育发展研究，2011（7）：74-76.

[88] 张畔枫.从三大索引收录看高校科研绩效——基于河北6所高校的案例分析 [J].现代情报，2011，31（1）：141-145.

[89] 朱建育，赵红军，方曦.基于面板数据模型的上海高校科研绩效评价的实证研究 [J].研究与发展管理，2013，25（2）：115-119.

[90] 李剑伟.高校教师工作压力与工作绩效的相关性 [D].秦皇岛：燕山大学硕士论文，2012.

[91] 徐珠君，郑醒尘.高校青年教师科研压力与绩效管理研究——基于耶基斯-多德森定律创新分析 [A].Proceedings of Conference on Creative Education（CCE2012）[C].2012.

[92] 张桂平.科研考核压力对高校教师非伦理行为的影响机制研究 [D].武汉：华中科技大学博士论文，2012.

[93] 徐灵，魏彤春，侯光辉.科研压力下的高校教师学术不端行为：组织支持的调节效应 [J].科技管理研究，2013（7）：86-91.

[94] Baron R M, Kenny D A. The moderator-mediator variable distinction in social psychological research: Conceptual, strategic, and statistical considerations [J].Journal of Personality and Social Psychology, 1986, 51: 1173-1182.

[95] Covington M V. Goal theory, motivation, and school achievement: An integrative review [J]. Annual Review of Psychology, 2000（51）: 171-200.

[96] 叶仁敏.成就动机的测量与分析 [J].心理发展与教育，1992（2）：14-16.

[97] Alivernini F, Lucidi F. Relationship between social context, self-efficacy, motivation, academic achievement, and intention to drop out of high school: a longitudinal study [J]. Journal of Educational Research, 2011, 104（4）: 241-252.

[98] Green J, Liem G A D, Martin A J, et al. Academic motivation, self-concept, engagement, and performance in high school: key processes from a longitudinal perspective [J]. Journal of Adolescence, 2012, 35（5）: 1111-1123.

[99] 文敏，甘怡群，蒋海飞等.成就动机与学业倦怠、学业投入：未来取向应对的纵向中介作用 [J/OL].北京大学学报（自然科学版），http://www.cnki.net/kcms/detail/11.2442.N.20130916.2104.002.html.

[100] 杨颉，姜燕媛.大学生成就动机及其影响因素分析 [J].北京大学教育评论，2010，8（1）：63-69.

[101] 张登印，俞国良，沃建中等．大学教师成就动机的发展特点与影响因素研究［J］. 心理发展与教育，1996（4）：41–44.

[102] 佟丽君，张守臣．高校青年教师成就动机研究［J］. 心理科学，2008，31（4）：861–865.

[103] 周兆透．大学教师成就动机与工作绩效关系的实证研究［J］. 现代大学教育，2008（4）：80–85.

[104] 毕重增，黄希庭．中学教师成就动机、离职意向与倦怠的关系［J］. 心理科学，2005，28（1）：28–31.

[105] LePine J A，LePine M A，Jackson C L. Challenge and hindrance stress：Relationships with exhaustion，motivation to learn，and learning performance [J]. The Journal of Applied Psychology，2004，89（5）：883–891.

[106] 邵光华．国外教师压力研究综述［J］. 比较教育研究，2002（11）：20–24.

[107] Van den Broeck A，De Cuyper N，DeWitte H，et al. Not all job demands are equal：Differentiating job hindrances and job challenges in the job demands - resources model [J]. European Journal of Work and Organizational Psychology，2010，19（6）：735–759.

[108] Spielberger C D. Theory and research on anxiety [A]. Spielberger（eds.）. Anxiety and Behavior [C]. NY：Academic Press，1966，1–19.

[109] Widmer P S，Semmer N K，Kalin W，et al. The ambivalence of challenge stressors：Time pressure associated with both negative and positive well–being [J]. Journal of Vocational Behavior，2012，80（2）：422–433.

[110] 肖伟平，马勇军．国外"教师焦虑"研究述评［J］. 外国教育研究，2009（3）：48–52.

[111] 邵焕荣．高校教师焦虑状况调查及对策研究［J］. 中国成人教育，2009（6）：78–79.

[112] Orton J W. Anxieties of college level psychology and family life teachers in the classroom [J]. Teaching of Psychology，1981，8（2）：108–109.

[113] Bernstein D A. Dealing with teaching anxiety：a personal view [J]. Journal of the National Association of Colleges and Teachers of Agriculture，1983，27（4）：4–7.

[114] Gardner，Louis E L，Gary K. Characteristics and correlates of teaching anxiety among college psychology teachers [J]. Teaching of Psychology，1994，21（1）：2.

[115] 温忠麟，侯杰泰，张雷．调节效应与中介效应的比较和应用［J］. 心理学报，2005，37（2）：268–274.

[116] Bandura A. Self–efficacy：toward a unifying theory of behavioral change [J]. Psychological Review，1977，84（3）：191–215.

[117] Bandura A. Self–efficacy：the exercise of control [M]. New York：W.H.Freeman，1997.

[118] Stajkovic A D，Luthans F. Self–efficacy and work–related performance：A meta–analysis [J]. Psychological Bulletin，1998，124（2）：240–261.

[119] Multon K D，Brown S D，Lent R W. Relation of self–efficacy beliefs to academic outcomes：A meta–analytic investigation [J]. Journal of Counseling Psychology，1991，38（1）：30–38.

[ 120 ] Holden G. The relationship of self-efficacy appraisals to subsequent health related outcomes [ J ]. Social Work in Health Care, 1992, 16 ( 1 ): 53-93.

[ 121 ] Bandura A. Regulation of cognitive processes through perceived self-efficacy [ J ]. Developmental Psychology, 1989, 25 ( 5 ): 729-735.

[ 122 ] 邵思源 . 一项对中学英语教师自我效能感的研究 [ D ]. 上海：上海外国语大学博士论文，2012.

[ 123 ] 黄巍 . 教育心理学中的教师功效理论 [ J ]. 心理科学，1992 ( 1 )：62-63.

[ 124 ] 辛涛，申继亮，林崇德 . 教师自我效能感与学校因素关系的研究 [ J ]. 教育研究，1994 ( 10 )：16-20.

[ 125 ] 李晔，刘华山 . 教师效能感及其对教学行为的影响 [ J ]. 教育研究与实验，2000，12 ( 1 )：50-55.

[ 126 ] 庞丽娟，洪秀敏 . 教师自我效能感：教师自主发展的重要内在动力机制 [ J ]. 教师教育研究，2005，17 ( 4 )：43-46.

[ 127 ] Tschannen-Moran M, Woolfolk H A. The different antecedents of self-efficacy beliefs of novice and experienced teachers [ J ]. Teaching and Teacher Education, 2007, 23 ( 6 ): 944-956.

[ 128 ] 张佩秋，陈亚轩 . 高校教师自我效能感与教师自主发展的关系 [ J ]. 浙江科技学院学报，2012，24 ( 2 )：156-160.

[ 129 ] 徐亚宁，黄金标 . 基于 SPSS 的高校教师自我效能与绩效关系研究 [ J ]. 社会科学家，2007 ( 5 )：169-171.

[ 130 ] Zajacova A, Lynch S M, Espenshade T J. Self-efficacy, stress, and academic success in college [ J ].Research in Higher Education, 2005, 46 ( 6 ): 667-706.

[ 131 ] 周菲 . 团队支持感、科研自我效能感对高校科研团队创新绩效的作用研究 [ D ]. 浙江：浙江工业大学硕士论文，2009.

[ 132 ] 王树涛，毛亚庆 . 研究生科研自我效能感评价指标体系的实证研究 [ J ]. 研究生教育研究，2013 ( 10 )：34-39.

[ 133 ] 张永军，廖建桥，赵君 . 科研压力对博士生学术不端行为的影响研究 [ J ]. 科研管理，2013, 34 ( 4 )：99-107.

[ 134 ] Schaubroeck J, Lam S S K, Xie J L. Collective-efficacy versus self-efficacy in coping response to stressors and control: A cross-cultural study [ J ]. Journal of Applied Psychology, 2000, 85 ( 4 ): 512-525.

[ 135 ] Lu C Q, Siu O L, Cooper C L. Managers' occupational stress in China: the role of self-efficacy [ J ]. Personality and Individual Differences, 2005, 38: 569-578.

[ 136 ] 赵西萍，赵欣，黄越 .Karasek 工作压力模型的扩展：自我效能感与工作控制匹配性模型的实证研究 [ J ]. 中国软科学，2008 ( 10 )：108-117.

[ 137 ] Raghuram S. Work-nonwork conflict and job stress among virtual workers [ J ]. Human Resource Management, 2004, 43 ( 2&3 ): 259-277.

[ 138 ] Leiter M P. Coping patterns as predictors of burnout: the function of control and escapist coping patterns [ J ]. Journal of Organizational Behavior, 1991, 12 ( 2 ): 123–144.

[ 139 ] Siu O L, Spector P E, Cooper C L, et al. Work stress, self–efficacy, Chinese work values and work well–being in Hong Kong and Beijing [ J ]. International Journal of Stress Management, 2005, 12 ( 3 ): 274–288.

[ 140 ] 冯冬冬，陆昌勤，萧爱铃 . 工作不安全感与幸福感、绩效的关系：自我效能感的作用 [ J ]. 心理学报，2008，40 ( 4 )：448–455.

[ 141 ] Bassam H. Effectiveness of computer training: the role of multilevel computer self–efficacy [ J ]. Journal of Organizational and End User Computing, 2006, 18 ( 1 ): 50–68.

[ 142 ] Jex S M, Bliese P D. Efficacy beliefs as a moderator of the effects of work–related stressors: a multilevel study [ J ]. Journal of Applied Psychology, 1999, 84 ( 3 ): 349–361.

[ 143 ] Tang C S, Au W, Schwarzer R, et al. Mental health outcomes of job stress among Chinese teachers: role of stress resource factors and burnout [ J ]. Journal of Organizational Behavior, 2001, 22 ( 8 ): 887–902.

[ 144 ] 赵青，许百华 . 自我效能感作为工作压力调节变量的研究综述 [ J ]. 人类工效学，2006，12 ( 4 )：64–66.

[ 145 ] Goleman D. Emotional intelligence: Why it can matter more than IQ [ M ]. New York: Bantam, 1995.

[ 146 ] Mayer J D, Salovey P, Caruso D R. Models of emotional intelligence [ A ]. In R. J. Sternberg ( Ed. ), Handbook of intelligence [ C ].New York: Cambridge University Press, 2000: 396–420.

[ 147 ] Mayer J D, Salovey P. What is emotional intelligence? [ A ]. In P. Salovey & D.Sluyter ( Eds. ) Emotional development and emotional intelligence: Implications for educators [ C ]. New York: Basic Books, 1997: 3–31.

[ 148 ] Matihews de G, Roberts D R.Emotional Intelligence: Science and Myth [ M ].MIT Press, 2003.

[ 149 ] Petrides K V, Furnham A. Traint emotional intelligence: psychometric investigation with reference to established trait taxonomied [ J ]. European Journal of Personality, 2001, 15 ( 6 ): 425–448.

[ 150 ] Van Rooy D L, Viswesvaran C, Pluta P. An evaluation of construct validity: what is this thing called emotional intelligence? [ J ]. Human Performance, 2005, 18 ( 4 ): 445–462.

[ 151 ] 许远理 . 情绪智力组合理论的建构与实证研究 [ D ]. 北京：首都师范大学博士学位论文，2004.

[ 152 ] Ciarrochi J V, Chan A Y C, Caputi P. A critical evaluation of the emotional intelligence construct [ J ]. Personality and Individual Differences, 2000, 28 ( 3 ): 539–561.

[ 153 ] 王晓钧，廖国彬，张玮 . 22 年情绪智力研究的现状、特点及趋势 [ J ]. 心理科学，2013, 36 ( 3 )：753–760.

[154] 陈权，施国洪．大学生情绪智力与创业能力关系实证研究［J］. 高校教育管理，2013，7（3）：109-114.

[155] Carmeli A. The relationship between emotional intelligence and work attitudes，behavior and outcomes：An examination among senior managers［J］. Journal of Managerial Psychology，2003，18（8）：788-813.

[156] Lopes P N，Grewal D，Kadis J，et al. Evidence that emotional intelligence is related to job performance and affect and attitudes at work［J］. Psicothema，2006，18：132-138.

[157] 张剑，唐中正，岳红．企业员工的情绪智力对其工作绩效的影响［J］. 北京：数理统计与管理，2008，27（4）：579-586.

[158] 陈小平，肖鸣政．公务员情绪智力与工作绩效关系及开发实证研究［J］. 北京：中国行政管理，2011（11）：49-52.

[159] Sy T，Tram S，O' Hara L A. Relation of employee and manager emotional intelligence to job satisfaction and performance［J］.Journal of Vocational Behavior，2006（68）：461-473.

[160] Ali O E A，Garner I，Magadley W. An Exploration of the Relationship Between Emotional Intelligence and Job Performance in Police Organizations［J］.Journal of Police and Criminal Psychology，2012（27）：1-8.

[161] O' Boyle E H，Humphrey R H，Pollack J M，et al.The relation between emotional intelligence and job performance：a meta-analysis［J］. Journal of Organizational Behavior，2011，32（5）：788-818.

[162] 张辉华，王辉．个体情绪智力与工作场所绩效关系的元分析［J］. 心理学报，2011，43（2）：188-202.

[163] 张辉华，李爱梅，凌文辁等．管理者情绪智力与绩效的关系：直接和中介效应研究［J］. 南开管理评论，2009，19（3）：104－116.

[164] 严标宾，张兴贵，林知．员工情绪智力对工作绩效的影响——自我效能感的中介效应［J］. 软科学，2013，27（12）：49-52.

[165] 朱仁崎，陈晓春，彭黎明．情绪智力影响工作绩效机制中工作压力的中介效用研究［J］. 统计与信息论坛，2013，28（2）：104-108.

[166] 王璐，汤超颖，弓少云．服务业员工情绪智力、动机与情绪劳动的关系［J］. 经济管理，2009，31（1）：86-90.

[167] 杨勇，唐帅，马钦海等．情绪智力与组织公民行为：情绪劳动的中介作用［J］. 东北大学学报（自然科学版），2013，34（5）：753-756.

[168] 刘咏梅，卫旭华，陈晓红．情绪智力、冲突管理与感知凝聚力关系研究［J］. 科研管理，2011，32（2）：88-96.

[169] 张辉华．情绪智力与工作相关变量关系的元分析：以中国样本为例［J］. 心理科学，2012，35（5）：1175-1184.

[170] Pau A K，Croucher R. Emotional intelligence and perceived stress in dental undergraduates［J］. Journal of Dental Education，2003，67（9）：1023-1028.

[171] Laborde S, Brull A, Weber J, et al. Trait emotional intelligence in sports: a protective role against stress through heart rate variability? [J]. Personality and Individual Differences, 2011, 51 (1): 23–27.

[172] 巩文冰，张进辅．个体知觉的压力与情绪智力关系的元分析 [J]. 西南师范大学学报（自然科学版），2012, 37 (10): 146–151.

[173] Chan D W. Emotional intelligence and components of burnout among Chinese secondary school teachers in Hong Kong [J]. Teaching and Teacher Education, 2006 (22): 1042–1054.

[174] 姚计海，管海娟．中小学教师情绪智力与职业倦怠的关系研究 [J]. 教育学报，2013, 9 (3): 100–110.

[175] 侯敏，江琦，陈潇等人．教师情绪智力和工作绩效的关系：工作家庭促进和主动行为的中介作用 [J]. 心理发展与教育，2014 (2): 160–168.

[176] Kafetsios K, Zampetakis L A. Emotional intelligence and job satisfaction: testing the mediatory role of positive and negative affect at work [J]. Personality and Individual Differences, 2008, 44 (3): 712–722.

[177] Jordan P J, Ashkanasy N M, Hartel C E J. Emotional intelligence as a moderator of emotional and behavioral reactions to job insecurity [J]. Academy of Management Review, 2002, 27 (3): 361–372.

[178] Antonakis J, Ashkanasy N M, Dasborough M T. Does leadership need emotional intelligence? [J].The Leadership Quarterly, 2009, 20: 247–261.

[179] King M, Gardner D. Emotional intelligence and occupational stress among professional staff in New Zealand [J]. International Journal of Organizational Analysis, 2006, 14 (3): 186–203.

[180] Chang C–P, Chang F–J. Relationships among traditional Chinese personality traits, work stress, and emotional intelligence in workers in the semiconductor industry in Taiwan [J]. Quality & Quantity, 2010, 44 (4): 733–748.

[181] Wu Y–C. Job stress and job performance among employees in the Taiwanese finance sector: the role of emotional intelligence [J].Social Behavior and Personality, 2011, 39 (1): 21–31.

[182] Lindebaum D. Does emotional intelligence moderate the relationship between mental health and job performance? An exploratory study [J]. European Management Journal, 2012, http://dx.doi.org/10.1016/ j.emj.2012.08.002

[183] Gina G–E, Tamari B. Emotional intelligence as a moderator in the stress–burnout relationship: a questionnaire study on nurses [J]. Journal of Clinical Nursing, 2012 (21): 2275–2285.

[184] Suliman A M, Al–Shaikh F N. Emotional intelligence at work: links to conflict and innovation [J]. Employee Relations, 2007, 29 (2): 208–220.

[185] Sanchez–Ruiz M J, Hernandez–Torrano D, Perez–Gonzalez J C, et al. The relationship

between trait emotional intelligence and creativity across subject domains [ J ]. Motivation and Emotion, 2011, 35 (4): 461-473.

[ 186 ] Schneider B. Organizational climates: An essay [ J ]. Personnel Psychology, 1975, 28 (2): 447-479.

[ 187 ] 陈维政，李金平 . 组织气候研究回顾及展望 [ J ]. 外国经济与管理，2005（8）：18-25.

[ 188 ] 张震，马力，马文静 . 组织气氛与员工参与的关系 [ J ]. 心理学报，2002（3）：312-318.

[ 189 ] 王仙雅，林盛，陈立芸 . 科研压力对科研绩效的影响机制研究——学术氛围与情绪智力的调节作用 [ J ]. 科学学研究，2013，31（10）：1564-1571.

[ 190 ] Ahghar G. The role of school organizational climate in occupational stress among secondary school teachers in Tehran [ J ]. International Journal of Occupational Medicine and Environmental Health, 2008, 21 (4): 319-329.

[ 191 ] Dackert I. The impact of team climate for innovation on well-being and stress in elderly care [ J ]. Journal of Nursing Management, 2010, 18 (3): 302-310.

[ 192 ] 梁爽 . 高校组织气氛对教师科研绩效的影响研究 [ D ]. 大连：大连理工大学硕士论文，2008.

[ 193 ] Paul W J, John W C.Workplace Correlates and Scholarly Performance of Clinical .Pharmacy Faculty [ J ]. Research in Higher Education, 1994, 35 (2): 167-194.

[ 194 ] 谷志远 . 高校青年教师学术产出绩效影响因素的实证研究——基于个性特征和机构因素的差异分析 [ J ]. 高教探索，2011（1）：129-136.

[ 195 ] Churchill, G.A. A paradigm for developing better measures of marketing constructs [ J ]. Journal of Marketing Research, 1979, 16 (3): 275-298.

[ 196 ] 朱丽雅 . 大学生成就动机、成就目标定向、学业自我效能对成绩的影响模式探析 [ D ]. 长春：吉林大学博士论文，2012.

[ 197 ] Watson D, Clark L A. The PANAS-X: Manual for the Positive and Negative Affect Schedule-Expanded Form, 1994.

[ 198 ] Schwarzer R, Aristi B. Optimistic self-beliefs: Assessment of general perceived self-efficacy in thirteen cultures [ J ]. Word Psychology, 1997, 3 (1-2): 177-190.

[ 199 ] Ashkanasy N M, Daus C S. Rumors of the death of emotional intelligence in organizational behavior are vastly exaggerated [ J ]. Journal of Organizational Behavior, 2005, 26: 441-452.

[ 200 ] Schutte N S, Malouff J M, Hall L E, et al. Development and validation of a measure of emotional intelligence [ J ].Personality and Individual Differences, 1998, 25: 167-177.

[ 201 ] Wong C S, Law K S. The effect of leader and follower emotional intelligence on performance and attitude: An exploratory study [ J ].The Leadership Quarterly, 2002, 13: 243-274.

[ 202 ] Law K S, Wong C S, Huang G H, et al. The effects of emotional intelligence on job performance and life satisfaction for the research and development scientists in China [ J ].Asia Pacific Journal of Management, 2008, 25 (1): 51-69.

[203] 邓文琳. 大学学术氛围的衡量指标体系 [D]. 长沙市：中南大学硕士论文，2009.

[204] Marsh H W, Balla J R, Hau K T. An evaluation of incremental fit indices: A clarification of mathematical and empirical processes. In: Marcoulides G A, Schumacker R E eds. Advanced structural equation modeling techniques. Hillsdale, NJ: Erlbaum, 1996, 315–353.

[205] 温忠麟，侯杰泰，马什赫伯特. 结构方程模型检验：拟合指数与卡方准则 [J]. 心理学报，2004，36（2）：186–194.

[206] 吴明隆. 结构方程模型——AMOS 的操作与应用（第 2 版）[M]. 重庆大学出版社，2010.

[207] Fornell C, Larcker D F. Evaluating structural equation models with unobservable variables and measurement error [J]. Journal of Marketing Research, 1981, 18 (1): 39–50.

[208] MacKinnon D P, Lockwood C M, Hoffman J M, et al. A comparison of methods to test mediation and other intervening variable effects [J]. Psychological Methods, 2002, 7 (1): 83–104.

[209] Aiken L S, West S G. Multiple regression: Testing and interpreting interactions. Thousand Oaks, CA: Sage, 1991.

# 附　录

# 高校教师科研情况及相关体验调查问卷

尊敬的老师：

您好！您参与的是一项关于高校教师科研情况及相关体验的调查，为了更清楚地了解高校教师的科研状况，挖掘科研压力源与科研绩效的关系，本问卷涉及如下几个方面的调查：科研压力源、科研绩效、成就动机、科研焦虑、科研自我效能、情绪智力和学术氛围。我们承诺本研究的数据只用做学术研究，不会泄漏您的个人信息，请不必有所顾虑。本问卷每个题有 5 个选择：1. 非常不符合；2. 很不符合；3. 基本符合；4. 很符合；5. 非常符合。希望您仔细阅读每一项描述，并根据您的真实情况和想法作答，各题的答案无对错之分，凭第一感觉回答即可。十分感谢您的协助和对本研究的支持！

| 题项 | 非常不符合 | 很不符合 | 基本符合 | 很符合 | 非常符合 |
|---|---|---|---|---|---|
| **第一部分：科研压力源** | | | | | |
| 1. 我所在学院设置的科研考核目标很高 | 1 | 2 | 3 | 4 | 5 |
| 2. 我需要完成的科研任务量很大 | 1 | 2 | 3 | 4 | 5 |
| 3. 科研工作中我经常感觉时间紧迫 | 1 | 2 | 3 | 4 | 5 |
| 4. 从事科研工作需要我掌握很多研究方法 | 1 | 2 | 3 | 4 | 5 |
| 5. 挖掘有趣的、新颖的研究课题很难 | 1 | 2 | 3 | 4 | 5 |
| 6. 科研成果创新难 | 1 | 2 | 3 | 4 | 5 |
| 7. 我不知道如何成为一名出色的学者 | 1 | 2 | 3 | 4 | 5 |
| 8. 我很难找到志趣相投的科研合作伙伴 | 1 | 2 | 3 | 4 | 5 |
| 9. 我所在学院科研考核中存在不公平的现象 | 1 | 2 | 3 | 4 | 5 |
| 10. 科研工作中需要我处理很多繁文缛节的程序 | 1 | 2 | 3 | 4 | 5 |
| 11. 我缺乏从事学术研究的资源 | 1 | 2 | 3 | 4 | 5 |
| 12. 期刊审稿周期过长 | 1 | 2 | 3 | 4 | 5 |
| **第二部分：科研绩效** | | | | | |

续表

| 题项 | 非常不符合 | 很不符合 | 基本符合 | 很符合 | 非常符合 |
|---|---|---|---|---|---|
| 1. 我经常参加学术会议 | 1 | 2 | 3 | 4 | 5 |
| 2. 我总是积极地申请和参与科研立项 | 1 | 2 | 3 | 4 | 5 |
| 3. 我努力撰写高水平的学术论文 | 1 | 2 | 3 | 4 | 5 |
| 4. 我始终保持严谨的科研态度 | 1 | 2 | 3 | 4 | 5 |
| 5. 我经常帮助他人解决科研上的困难 | 1 | 2 | 3 | 4 | 5 |
| 6. 我拥有一定数量的高水平学术论文 | 1 | 2 | 3 | 4 | 5 |
| 7. 我申请到的科研项目的数量和级别超过岗位平均数 | 1 | 2 | 3 | 4 | 5 |
| 8. 我获得了很多科研奖项 | 1 | 2 | 3 | 4 | 5 |
| **第三部分：成就动机** | | | | | |
| 1. 我喜欢坚持不懈地解决没有把握处理的问题 | 1 | 2 | 3 | 4 | 5 |
| 2. 我喜欢解决新奇的、有困难的任务，不惜冒风险 | 1 | 2 | 3 | 4 | 5 |
| 3. 我会被有困难的任务吸引 | 1 | 2 | 3 | 4 | 5 |
| 4. 我会被能测量自身能力的机会深深吸引 | 1 | 2 | 3 | 4 | 5 |
| 5. 我会被不能确定是否会成功的工作吸引 | 1 | 2 | 3 | 4 | 5 |
| 6. 在完成困难任务的过程中，我感到很快乐 | 1 | 2 | 3 | 4 | 5 |
| **第四部分：科研焦虑** | | | | | |
| 1. 在科研任务未完成前，我总是担心不能顺利完成科研任务 | 1 | 2 | 3 | 4 | 5 |
| 2. 在科研任务未完成前，我总是抱怨严格的考核制度 | 1 | 2 | 3 | 4 | 5 |
| 3. 在科研任务未完成前，我经常产生挫败感 | 1 | 2 | 3 | 4 | 5 |
| 4. 在科研任务未完成前，我经常烦躁不安 | 1 | 2 | 3 | 4 | 5 |
| **第五部分：科研自我效能** | | | | | |
| 1. 对我来说，完成科研任务是轻而易举的事 | 1 | 2 | 3 | 4 | 5 |
| 2. 如果我尽力去做的话，我总能解决科研上的困难 | 1 | 2 | 3 | 4 | 5 |
| 3. 我自信能有效地应付任何突如其来的科研挑战 | 1 | 2 | 3 | 4 | 5 |
| 4. 我能冷静地面对科研难题，因为我相信自己有能力处理 | 1 | 2 | 3 | 4 | 5 |
| 5. 面对科研瓶颈时，我通常能找到几种解决方案 | 1 | 2 | 3 | 4 | 5 |
| **第六部分：情绪智力** | | | | | |
| 1. 我很了解自己的情绪 | 1 | 2 | 3 | 4 | 5 |
| 2. 大多数情况下，我知道自己为什么会有某些感受 | 1 | 2 | 3 | 4 | 5 |
| 3. 通常情况下，我知道自己是否开心 | 1 | 2 | 3 | 4 | 5 |

续表

| 题项 | 非常不符合 | 很不符合 | 基本符合 | 很符合 | 非常符合 |
|---|---|---|---|---|---|
| 4. 我很清楚自己的感觉 | 1 | 2 | 3 | 4 | 5 |
| 5. 我很了解周围人的情绪 | 1 | 2 | 3 | 4 | 5 |
| 6. 我观察别人情绪的能力很强 | 1 | 2 | 3 | 4 | 5 |
| 7. 我通常能从朋友的行为中猜到他们的情绪 | 1 | 2 | 3 | 4 | 5 |
| 8. 我能很敏锐地洞悉别人的感受和情绪 | 1 | 2 | 3 | 4 | 5 |
| 9. 我对自己的情绪有很强的控制能力 | 1 | 2 | 3 | 4 | 5 |
| 10. 遇到困难时，我能控制自己的脾气 | 1 | 2 | 3 | 4 | 5 |
| 11. 当我愤怒时，我通常能在很短的时间内冷静下来 | 1 | 2 | 3 | 4 | 5 |
| 12. 我能很好地控制自己的情绪 | 1 | 2 | 3 | 4 | 5 |
| 13. 面对困难，我能自我激励 | 1 | 2 | 3 | 4 | 5 |
| 14. 我经常告诉自己是一个有能力的人 | 1 | 2 | 3 | 4 | 5 |
| 15. 我通常能为自己制订目标并尽量完成这些目标 | 1 | 2 | 3 | 4 | 5 |
| 16. 我总是鼓励自己尽最大的努力 | 1 | 2 | 3 | 4 | 5 |
| **第七部分：学术氛围** | | | | | |
| 1. 所在学校拥有丰富的学术交流活动 | 1 | 2 | 3 | 4 | 5 |
| 2. 所在学校拥有良好的学术道德风气 | 1 | 2 | 3 | 4 | 5 |
| 3. 所在学校拥有充足的学术资源 | 1 | 2 | 3 | 4 | 5 |
| 4. 所在学校拥有畅通的学术沟通渠道 | 1 | 2 | 3 | 4 | 5 |
| 5. 所在学校具有合作意识和团队精神 | 1 | 2 | 3 | 4 | 5 |
| 6. 所在学校拥有良好的学术创新引导机制 | 1 | 2 | 3 | 4 | 5 |

1. 性别：□男　　□女

2. 年龄：□ 30 岁及以下　　□ 31-40 岁　　□ 41-50 岁　　□ 51 岁及以上

3. 职称：□助教　　□讲师　　□副教授　　□教授

4. 学校性质：□ 985、211 学校　　□一般本科学校

**调查问卷结束，非常感谢您的支持！**

# 后 记

本书获天津市高等学校第五期重点学科建设项目资助，是天津市教育科学“十三五”规划课题“高校教师科研国际化意愿的驱动与调节机制研究（HEYP5013）”的阶段性成果。

本书的完成首先要感谢我的博导，天津大学林盛教授。林老师的悉心指导给了我莫大的帮助，许多想法和思路都源于跟林老师的多次交流，他的学术品质和儒雅之风，使我终生受益。

感谢天津财经大学的刘金兰教授，感谢刘老师在写作上给予我的宝贵意见，使我能进一步明晰方向、完善内容。

感谢天津科技大学的慕静教授，在慕老师的支持和鼓励下这本书才得以完成，慕老师为我的科研工作营造了良好的学术氛围，创造了很多学习和交流的机会，借此机会，对慕老师表示由衷的感谢。

感谢赵晓阳博士、郭涛博士、刘宏哲博士、梁经纬博士、陈立芸博士、迟翔蓝博士等，我们一起度过了难忘的时光，在科研道路上相互鼓励、相互支持，建立了深厚的友谊，他们富有创意的思想时常感染我，使我受益匪浅。

感谢接受访谈的老师们，感谢帮我发放问卷的各位朋友和同学们，在他们的配合和帮助下，保证了质性数据和量化数据的顺利收集。

感谢我的家人，是他们的默默付出促使了本书的顺利完成，感谢他们在我工作和生活中给予的无限理解，使我能专心撰写、心无旁骛地完成本书。

本书力求为我国高校教师和广大的科研工作者提供缓解科研压力、提高科研绩效的方法，使他们能辨析挑战性和阻碍性科研压力源，发挥挑战性科研压力源的促进作用，削减阻碍性科研压力源的抑制作用，保持良好的科研心态，完成高质量的科研成果，使我国在国际学术舞台上占有一席之地，提高学术影响力，彰显我国高校的科研水平。

尽管本书把定性分析与定量研究相结合，分析了科研压力源的二维结构，并基于动机和情绪角度探究了科研压力源对科研绩效的影响机理，揭示了其中的中介变量和调节变量，但本书仍存在不够完善之处，加之时间仓促以及作者阅历有限，书中难免有疏漏，欢迎广大专家学者批评指正。

王仙雅

2017 年 5 月